W0204243

700 POURQUOI COMMENT ?

Textes : Jean-Michel Billioud, Sophie Bordet-Pétillon, Sophie Bresdin, Delphine Lefebvre-Winsback.

Illustration de couverture : Adrien Siroy.

Illustrations : Patrick Chenot, Nathalie Desforges, Anne-Sophie Lanquetin, Mélisande Luthringer, Pénélope Paicheler, Zelda Zonk.

Pictos : Thomas B., 1001head.com.

Crédits photographiques :
droits réservés à l'exception de p. 68 : Fotolia/Belka ;
p. 71 : Fotolia/Andrzej Tokarski ; p. 172 : Fotolia/Lipowski ;
p. 173 : Fotolia/cynoclub.

© Éditions Play Bac, 2013, 2015, pour la présente édition

14 bis, rue des Minimes - 75003 Paris
www.playbac.fr
ISBN : 978-2-8096-5420-2
Dépôt légal : octobre 2015

MIX Paper from responsible sources FSC® C057358

Imprimé en Slovénie par Gorenjski Tisk
sur des papiers issus de forêts gérées
de manière responsable.

Loi n°49-956 du 16 juillet 1949 sur les publications destinées à la jeunesse.

Toute représentation ou reproduction intégrale ou partielle faite sans le consentement de l'auteur ou de ses ayants droit ou ayants cause est illicite (article L. 122-4 du Code de la propriété intellectuelle). Cette représentation ou reproduction, par quelque procédé que ce soit, constituerait une contrefaçon sanctionnée par les articles L.335-2 et suivants du Code de la propriété intellectuelle.

700 POURQUOI COMMENT ?

playBac

SOMMAIRE

Pourquoi les passages piétons sont rayés ?

Pour que les automobilistes voient de loin l'endroit où les piétons traversent et qu'ils aient le temps de freiner. Ces grandes bandes blanches peintes sur la route forment une sorte de pont où les piétons doivent être en sécurité.

En anglais, on les appelle « passage du zèbre », car les rayures blanches font penser à l'animal !

Vie quotidienne

Pourquoi les enfants font des bêtises ?

Les enfants ne se rendent pas toujours compte qu'ils font des bêtises : très souvent, c'est parce qu'ils essaient de faire des découvertes ! Par exemple, si tu manges trop de chocolat, tu auras mal au ventre ; si tu vas trop vite en trottinette, tu risques de tomber et de te faire mal !

Pourquoi je dois ranger ma chambre ?

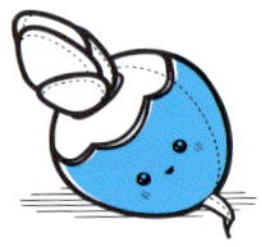

Il y a beaucoup de raisons de ranger ta chambre. Cela te permet de faire le ménage, indispensable pour ne pas être envahi par la saleté que les microbes adorent ! C'est aussi plus agréable pour les gens qui te rendent visite. Et tu pourras retrouver tes affaires plus facilement.

Pourquoi les enfants doivent se coucher plus tôt ?

Les enfants devraient dormir au moins 11 heures par nuit : c'est pendant le sommeil que leur corps produit la substance chimique qui les fait grandir. Dormir permet au corps de se reposer et au cerveau d'enregistrer ce qu'il a appris dans la journée.

Pourquoi ne peut-on pas se coucher habillé ?

Aucune loi ne l'interdit ! Mais si on dort avec les habits que l'on a portés toute la journée, ce n'est vraiment pas très propre. Et ce n'est pas agréable non plus. Dans tous les cas, il vaut mieux mettre un bon pyjama confortable !

Pourquoi ne peut-on pas sortir tout nu ?

Les vêtements nous protègent du froid, de la pluie, mais aussi du soleil. Et puis, quand on grandit, on n'a pas forcément envie de montrer son corps à tout le monde, ni de voir les autres tout nus !

Pourquoi les filles portent des robes et pas les garçons ?

Dans l'Antiquité, les hommes et les femmes portaient des vêtements longs qui ressemblaient à des robes. Après le Moyen Âge, les hommes ont mis des pantalons pour monter à cheval et ont conservé cette tenue. Les femmes, elles, ont gardé les robes et les jupes !

En Écosse, le kilt (une jupe à carreaux) est la tenue de fête des hommes.

Pourquoi la braguette des pantalons est devant ?

L'explication est très simple. C'est beaucoup plus facile pour ouvrir sa fermeture Éclair et pour enlever son pantalon !

Mets ton pantalon avec la braguette derrière et essaie simplement de l'ouvrir. Tu verras que si elle se coince, c'est presque impossible !

Pourquoi mon ombre est toujours avec moi ?

Les rayons du Soleil éclairent le sol, mais si tu te places entre les 2, tu empêches les rayons de passer. L'ombre que tu projettes est en fait une zone sans lumière. Dès que tu bouges, elle te suit !

Pour ne plus faire d'ombre, il faut attendre la nuit ou se placer dans l'ombre de quelqu'un de plus grand et de plus large que soi !

Pourquoi promène-t-on les chiens en laisse et pas les chats ?

Les chats sont des animaux qui aiment être seuls, et ils n'aiment pas du tout être attachés. À l'extérieur, ils ont souvent peur et essaient de se cacher ou de grimper dans les arbres. En laisse, ils risqueraient de se faire mal !

Pourquoi ne faut-il pas mettre ses doigts dans son nez ?

A. Ils peuvent rester coincés.

B. Ce n'est pas propre.

C. C'est interdit par la loi.

Réponse : B. Le nez est plein de microbes que l'on risque de mettre ensuite dans la bouche ou de déposer un peu partout sur toutes les choses que l'on touche. En plus, ce n'est pas très agréable à regarder pour les gens qui nous entourent !

Pourquoi frappe-t-on à la porte avant d'entrer ?

C'est la manière la plus simple d'annoncer sa venue dans une pièce. En frappant, on demande la permission d'entrer. C'est aussi une bonne solution pour ne pas faire peur aux gens qui sont dans la pièce en entrant précipitamment, ou pour ne pas les déranger s'ils sont occupés.

Pourquoi les adultes se serrent la main pour se dire bonjour ?

A. Parce qu'ils sont gentils.

B. Pour échanger des billets.

C. Parce qu'avec les pieds c'est plus dur.

Réponse : A. Au Moyen Âge, il y avait beaucoup de bandits dans les rues. Alors, quand 2 hommes se rencontraient, chacun tendait sa main droite à l'autre pour lui montrer qu'il ne cachait pas d'arme.

Pourquoi ne peut-on pas dire « tu » à tout le monde ?

Quand on s'adresse à une personne plus âgée ou que l'on ne connaît pas, on ne lui dit pas « tu », c'est une question de politesse. On utilise « tu » avec ses amis et les membres de sa famille. En anglais, c'est plus simple : il n'y a qu'un seul mot pour « tu » et « vous », c'est *you* !

Pourquoi doit-on dire « bonjour » et « au revoir » ?

« Bonjour » signifie que l'on souhaite une bonne journée à ceux que l'on rencontre. Et « au revoir » que l'on espère les retrouver bientôt. Ces 2 mots « magiques » sont des marques de politesse et montrent que l'on respecte la personne avec qui on discute.

Pourquoi parle-t-on des langues différentes dans le monde ?

On pense qu'il y a des millions d'années les premiers hommes vivaient tous ensemble, en Afrique. Puis ils se seraient installés dans différents endroits de la planète, perdant contact les uns avec les autres. Chaque groupe aurait ainsi créé et développé sa propre langue.

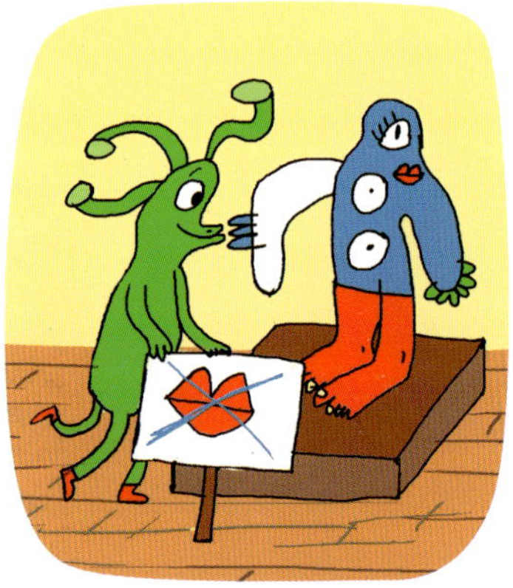

Pourquoi ne peut-on pas toucher les objets dans les musées ?

Les peintures et les sculptures sont très fragiles : le simple fait de les toucher peut les abîmer. Toucher une fois une statue ne va pas la détruire, mais si des millions de visiteurs le font, l'œuvre sera endommagée.

Comment écrit-on la musique ?

La musique s'écrit sur un papier imprimé avec des lignes horizontales. On y inscrit des signes particuliers qui indiquent les notes à jouer, et comment les jouer (vite ou lentement, fort ou doucement). La musique est comme une langue étrangère : il faut l'apprendre pour pouvoir la déchiffrer et la comprendre !

Pourquoi applaudit-on au spectacle ?

On tape dans ses mains pour féliciter les artistes qui sont sur scène. C'est plus adapté à l'ambiance calme d'un théâtre où l'on ne peut pas taper des pieds ou hurler. Dans un stade, c'est différent : les spectateurs encouragent les sportifs en chantant ou en criant.

Comment les sourds font pour se parler ?

La plupart des sourds utilisent la langue des signes de leur pays. Avec les mains, ils forment des signes qui expriment des lettres, des mots, des phrases ou des idées. Et l'expression de leur visage a un sens : ainsi quand ils posent une question, ils haussent les sourcils.

La langue des signes s'apprend comme toutes les langues !

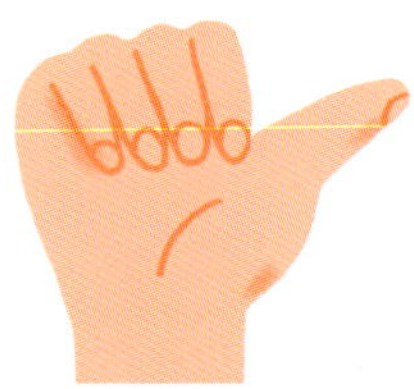

A

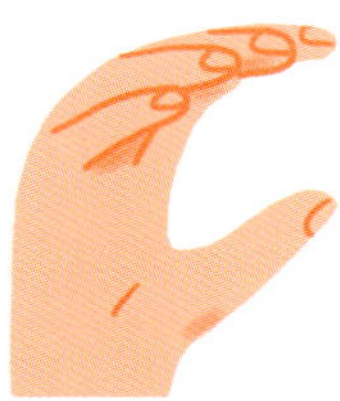

C

F

Comment les aveugles arrivent à se diriger ?

A. En utilisant une canne blanche pour repérer les obstacles.

B. En s'aidant des informations sonores de la rue.

C. En se faisant guider par un chien.

Réponse : les 3. Malgré cela, pour les aveugles, se déplacer et se diriger reste très difficile. En effet, la majorité des informations dont on se sert tous les jours sont visuelles (lire le nom des rues ou simplement situer l'arrêt de bus !).

Pourquoi les aveugles ont une canne blanche ?

Cette canne permet aux personnes qui voient mal ou qui ne voient pas du tout de situer tout ce qui pourrait les gêner (poubelles, poteaux, trottoirs…) quand elles se déplacent dans la rue. Grâce à sa couleur blanche, les passants et les automobilistes peuvent la voir de loin et font ainsi attention.

Comment les aveugles font pour lire ?

Pour lire des livres, les aveugles utilisent l'alphabet braille : chaque lettre est représentée par un code fait de petits points en relief. Il suffit de passer le doigt dessus pour lire !

Sur les téléphones, la touche 5 porte généralement un point en relief. Elle permet aux malvoyants de se repérer sur le clavier.

Pourquoi les personnes sourdes parlent avec les mains ?

Avec l'écriture, c'est la seule solution pour qu'elles puissent communiquer avec les autres. La première langue des signes a été inventée en France par l'abbé de L'Épée au XVIIIe siècle. Mais personne n'a réussi à créer un langage universel : chaque pays a sa propre langue des signes.

Pourquoi les personnes âgées ne travaillent plus ?

Les personnes âgées ont généralement beaucoup travaillé tout au long de leur vie d'adulte et ont droit à un repos bien mérité. Un système a été mis en place pour que, à partir d'un certain âge, elles puissent arrêter de travailler, tout en continuant de recevoir de l'argent. C'est la retraite.

Pourquoi les adultes votent ?

Certaines décisions concernent tous les habitants d'un pays, d'une région ou d'une ville, comme par exemple choisir le président de la République ou le maire de la ville. Alors, régulièrement, on demande aux adultes d'élire la personne qui leur semble la meilleure pour avoir ces responsabilités.

Comment fait-on une loi ?

Les projets de loi sont proposés par le gouvernement ou par le Parlement (où siègent les députés élus). Un groupe de députés étudie le projet et donne son avis sur la future loi. Le texte est ensuite présenté à tous les députés, qui votent pour ou contre.

Comment fait-on pour passer à la télévision ?

Il faut souvent avoir une activité originale : participer à un événement important, comme une compétition sportive ou un spectacle de danse, ou encore présenter un projet réalisé avec son école. Mais attention : les enfants ont besoin de l'autorisation de leurs parents pour passer à la télé !

Comment devient-on célèbre ?

La plupart des personnes célèbres ont un talent particulier : elles chantent, jouent la comédie, remportent des compétitions sportives ou encore peignent, écrivent des livres.

L'écrivaine J.K. Rowling est devenue célèbre grâce aux aventures de Harry Potter. Elle a vendu plus de 400 millions de livres dans le monde !

Pourquoi y a-t-il de la publicité ?

La publicité sert à faire connaître un produit ou une marque pour le vendre, ou une région pour qu'on y aille en vacances par exemple. Pour cela, on fait de la publicité à la télévision, dans les journaux, sur Internet ou sur des affiches !

Essaie de compter le nombre de publicités que tu vois dans une journée !

Comment peut-on payer avec un chèque ?

Le chèque est un moyen de paiement. C'est un document spécial émis par la banque : on ne peut pas utiliser n'importe quel bout de papier !

Pourquoi les camions de pompiers sont rouges ?

Cette couleur aurait été utilisée dès la fin du XIXe siècle, car elle est visible de loin, ce qui permet de repérer les camions facilement pour y faire attention.

En Allemagne ou en Belgique, les pompiers utilisent souvent des camions orange ou jaunes, plus visibles dans le brouillard.

Pourquoi la sirène des camions de pompiers fait « pin-pon » ?

A. Parce que c'est M. Pinpon qui l'a inventée.

B. Pour se différencier des autres voitures de secours.

C. Pour être entendue de très loin.

Réponse : B. Les camions de pompiers ont une sirène à 2 tons (« pin » et « pon ») plus longs que ceux de la police, par exemple. Ainsi, on les reconnaît avant de les voir.

Comment les pompiers éteignent un feu ?

Pour éteindre les feux de bois ou de papiers, les pompiers utilisent l'eau. Mais pour les incendies où il y a de l'huile, du gaz ou des appareils électriques, ils emploient de la poudre ou de la mousse capables d'étouffer les vapeurs toxiques.

Pourquoi les policiers portent un uniforme ?

C'est pour que l'on puisse les voir de loin. Ainsi ceux qui voudraient rouler trop vite hésitent à le faire et ceux qui ont besoin d'être secourus par la police peuvent les alerter. Bien sûr, quand des policiers veulent suivre des bandits discrètement, ils ne mettent pas d'uniforme !

Pourquoi doit-on attacher sa ceinture en voiture ?

La ceinture de sécurité permet d'éviter que le conducteur ou les passagers soient projetés en dehors de la voiture en cas d'accident. En s'attachant, on se protège : la ceinture divise par 2 le risque d'être tué ou blessé gravement.

Pourquoi les joueurs de foot portent des numéros ?

Ces numéros ont plusieurs intérêts. Ils donnent des indications sur le rôle de chacun au sein de l'équipe : le gardien de but porte généralement le n° 1 et l'attaquant, le n° 9. Grâce à eux, le public peut aussi repérer plus facilement les joueurs, et l'arbitre peut les appeler en cas de problème.

Comment devient-on footballeur professionnel ?

Les entraîneurs des clubs de foot amateur repèrent les joueurs les plus exceptionnels et les orientent vers un centre de formation. Au programme : école le matin et entraînement l'après-midi. Après quelques années, les meilleurs footballeurs sont sélectionnés pour jouer dans l'équipe de France junior.

Pourquoi doit-on faire du sport ?

A. Pour se sentir bien et rester en bonne santé.

B. Pour être avec les copains.

C. Pour le plaisir !

Réponse : les 3. Pratiquer une activité sportive permet d'éliminer les graisses accumulées dans notre corps, et de renforcer les muscles et les os. C'est aussi un moyen de voir que l'on fait des progrès… et de partager un moment avec ses copains

Pourquoi les danseuses marchent sur la pointe des pieds ?

Depuis le XIXe siècle, les danseuses marchent et dansent sur la pointe des pieds pour avoir l'air plus légères et plus gracieuses. Quand on regarde un spectacle de danse, on a l'impression qu'elles volent !

Mets-toi sur la pointe des pieds et fais quelques pas : tu ne te sens pas plus léger ?

Pourquoi les danseuses portent des tutus ?

Au XIXe siècle, pour que les danseuses puissent bouger plus facilement sur la scène, on a décidé de les habiller avec un costume blanc très léger, fin et transparent : le tutu. D'abord très long, le tutu s'est raccourci petit à petit pour laisser voir les jambes des danseuses.

Pourquoi le chef d'orchestre a une baguette ?

C'est pour que les musiciens voient tous ses gestes de loin. Le chef d'orchestre les guide et leur donne de nombreuses indications : à quelle vitesse il faut jouer, avec quelle force et aussi quel instrument doit commencer ou s'arrêter.

Imite un chef d'orchestre en écoutant ta chanson préférée : as-tu trouvé le rythme ?

Comment les magiciens réussissent leurs tours ?

A. Ils boivent beaucoup de potion magique.

B. Ils répètent longuement leurs tours avant de les présenter au public.

C. Ils ont une mystérieuse baguette qui fonctionne très bien.

Réponse : B. Dans les tours de magie, il n'y a aucune… magie ! Le magicien doit s'entraîner à faire des gestes précis pour que le spectateur ne voie pas les trucages. Voilà le secret d'un tour réussi !

Pourquoi certains clowns ont le nez rouge ?

A. Ils sont enrhumés.

B. En souvenir d'un clown ivre.

C. Le rouge est la couleur du rire.

Réponse : B. Au XIXe siècle, l'employé d'un cirque allemand avait trop bu lors d'un spectacle. Il avait donc le nez un peu rouge et faisait n'importe quoi, ce qui amusa le public. Tous les cirques ont alors voulu avoir le même personnage.

Pourquoi les fées disent « abracadabra » ?

A. Merlin l'Enchanteur l'a inventé.

B. Ce mot latin signifie « vive la magie ».

C. Pour demander de l'aide.

Réponse : C. Les fées utilisent cette formule magique pour demander à Dieu de les aider. Abracadabra pourrait venir d'un mot hébreu qui signifie « Dieu est plus fort que le feu, l'eau, l'air et la terre ».

Pourquoi les sorcières sont moches ?

Dans les contes, les sorcières jouent presque toujours le rôle des méchantes. Et si elles ont généralement un long nez crochu recouvert de gros boutons, c'est pour faire encore plus peur ! Mais attention : elles sont parfois méchantes et… jolies !

Pourquoi les sorcières se déplacent sur un balai ?

Au Moyen Âge, le balai est le symbole des femmes au foyer, obligées de faire chaque jour le ménage. Au lieu de donner aux sorcières des baguettes magiques comme celles des fées, les auteurs des contes ont sans doute préféré, pour les ridiculiser, leur donner… un balai !

Pourquoi les mariées portent souvent une robe blanche ?

Jusqu'au XIXe siècle, les jeunes filles portaient leur plus belle robe pour se marier, quelle que soit sa couleur. Le blanc a été ensuite choisi pour dire que la jeune fille n'avait jamais été mariée.

En Asie, on porte du blanc quand quelqu'un meurt. Du coup, les robes des mariées sont souvent rouges !

Pourquoi certains enfants ont 2 papas ou 2 mamans ?

Les amoureux ne sont pas toujours un garçon et une fille. Parfois, 2 hommes, ou 2 femmes, s'aiment : on dit qu'ils sont « homosexuels ». Beaucoup vivent ensemble et fondent une famille. Leurs enfants ont donc 2 mamans ou 2 papas.

Pourquoi dit-on « demi-sœur » et « demi-frère » ?

Il arrive parfois que 2 enfants aient le même papa, mais pas la même maman (ou l'inverse). Dans ce cas, on ne dit pas qu'ils sont frères et sœurs, mais demi-frères et demi-sœurs. Ici, « demi » signifie qu'ils n'ont en commun qu'un seul de leurs 2 parents.

Pourquoi dit-on « beau-père » et « belle-mère » ?

On n'a qu'un seul père et qu'une seule mère. Alors, quand l'un des 2 parents se remarie, on donne à son nouveau conjoint le nom de « beau-père » ou de « belle-mère ». Une manière sympathique de les accueillir dans leur nouvelle famille.

Pourquoi certains parents se séparent ?

Parfois, les parents ne s'entendent plus très bien et pensent qu'ils ne sont plus faits pour vivre ensemble. Il y a une mauvaise ambiance à la maison et personne n'est vraiment heureux, ni les parents ni les enfants. Plutôt que de se disputer tout le temps, certains parents décident de se séparer.

Comment les noms de famille sont apparus ?

Avant le xe siècle, la plupart des gens n'avaient qu'un prénom (leur « nom »), qu'ils ne transmettaient pas à leurs enfants. Mais beaucoup avaient le même ! Pour les distinguer, on ajouta le nom du père (par exemple Martin), un surnom lié au métier (comme Moulin) ou à l'apparence (par exemple Lepetit) qui devint le nom de famille.

Pourquoi n'y a-t-il que 10 chiffres ?

On utilise très souvent ses 2 mains pour compter : pour faire le 1, on lève le pouce, pour faire le 2, le pouce et l'index, et ainsi de suite. Du coup, on a décidé d'utiliser autant de chiffres que de doigts. Avec ces 10 chiffres, de 0 à 9, on peut écrire tous les nombres et faire tous les calculs que l'on veut.

Pourquoi la lettre A est la première de l'alphabet ?

A. Pour faire comme les Grecs.

B. C'est la plus facile à écrire.

C. À cause de M. Hahaha.

Réponse : A. L'alphabet que nous utilisons vient de l'alphabet grec, un alphabet très ancien. Celui-ci commence par la lettre *alpha*, qui est l'ancêtre de notre A. Le mot « alphabet » a été formé à partir des 2 premières lettres de l'alphabet grec : *alpha* et *bêta*.

Pourquoi y a-t-il 26 lettres dans l'alphabet ?

Quand on a créé notre alphabet dans l'Antiquité, il n'y avait que 20 lettres. Puis, au fil des siècles, on en a ajouté d'autres, jusqu'à en obtenir 26 : 20 consonnes et 6 voyelles. Avec ces lettres, on peut créer des centaines de milliers de mots.

Au Cambodge, un pays d'Asie, l'alphabet se compose de 33 consonnes et 24 voyelles.

Pourquoi y a-t-il 7 jours dans la semaine ?

A. En hommage aux 7 nains.

B. En référence à la Lune et aux planètes.

C. À cause des 7 Merveilles du monde.

Réponse : B. Les Romains avaient repéré dans le ciel le Soleil, la Lune et 5 autres astres. Ils leur ont donné le nom de leurs dieux, comme Mars (mardi), et en ont fêté un chaque jour. Ces 7 jours sont devenus la semaine.

Pourquoi y a-t-il 12 mois dans une année ?

A. À cause de la Lune.

B. À cause des 12 travaux d'Hercule.

C. En l'honneur de 12 déesses.

Réponse : A. L'année compte 12 mois, car les astronomes de l'Antiquité avaient remarqué qu'il était possible d'observer la Lune sous sa forme pleine (grand disque blanc) seulement 12 fois dans l'année.

Comment a-t-on choisi les noms des mois de l'année ?

Les noms des mois datent de l'époque romaine. Certains viennent de noms de dieux : Mars, Junon (juin) ou Janus (janvier). Juillet et août rendent hommage aux empereurs Jules César et Auguste. Septembre, octobre, novembre et décembre signifient 7e, 8e, 9e et 10e mois, car l'année commençait alors en mars !

Comment a-t-on trouvé les noms des jours de la semaine ?

A. D'après les noms des planètes.

B. Grâce à une chanson.

C. En lançant des dés.

Réponse : A. Les noms des jours de la semaine viennent de ceux des astres connus dès l'Antiquité : la Lune, Mars, Mercure, Jupiter, Vénus. On y a ajouté la syllabe « di » provenant du latin dies (« jour »). Seuls « samedi » et « dimanche » ne tiennent pas leur nom d'une planète.

Comment l'heure peut être différente dans d'autres pays ?

La Terre tourne autour du Soleil, mais elle tourne aussi sur elle-même. Quand une face est au soleil, l'autre est dans le noir : c'est la nuit. Ainsi, quand il est 8h du matin en France, il est 16h au Japon. Quant aux New-Yorkais, ils dorment encore !

Pourquoi change-t-on d'heure au printemps et en automne ?

A. Pour faire une blague.

B. Pour économiser l'électricité.

C. Pour travailler plus.

Réponse : B. En hiver, le jour se lève plus tard qu'en été. Depuis 1976, on recule nos montres d'une heure pour rester au lit quand il fait encore sombre : nous utilisons alors moins nos lampes et donc moins d'électricité.

Pourquoi y a-t-il des saints dans le calendrier ?

Certains chrétiens célèbrent les saints, les personnes qui ont eu une vie exemplaire. Ils sont fêtés le jour anniversaire de leur mort, quand on en connaît la date. Et comme il y a bien plus de saints que de jours dans l'année, on a décidé de les fêter aussi tous ensemble le jour de la Toussaint !

Pourquoi change-t-on d'année le 1er janvier ?

Au Moyen Âge, en France, certains fêtaient le début de l'année en janvier, quand les jours commencent à rallonger, alors que, pour d'autres, l'année commençait au printemps, période du réveil de la nature. Le roi Charles IX a décidé en 1564 que tout le monde fêterait le nouvel an le 1er janvier.

Pourquoi fait-on des farces le 1er avril ?

A. À cause d'un roi.

B. Pour fêter la fin de l'hiver.

C. En l'honneur d'un poisson-clown.

Réponse : A. Avant 1564, l'année débutait le 1er avril, mais le roi Charles IX décida qu'elle commencerait désormais le 1er janvier. Comme la tradition était de s'offrir des présents en début d'année, certains ont continué à s'offrir des cadeaux pour faire des farces.

Pourquoi décore-t-on des citrouilles à Halloween ?

La légende raconte que, en Irlande, un homme, Jack O'Lantern, s'éclairait avec un morceau de charbon placé dans un navet. Il réapparaissait chaque année, le jour de sa mort, à Halloween, le 31 octobre. C'est pourquoi ce jour-là on fabrique des lanternes à sa mémoire. Au fil du temps, les navets ont été remplacés par des citrouilles.

Pourquoi se déguise-t-on le jour de mardi gras ?

Cette fête d'origine chrétienne a lieu la veille du début du carême, une période où l'on mangeait très peu. Avant ces 40 jours un peu difficiles, on finissait les aliments gras, on faisait des crêpes et on se déguisait pour faire la fête dans les rues !

Pourquoi mange-t-on des œufs en chocolat à Pâques ?

Dans l'Antiquité, on s'offrait des œufs au printemps pour fêter le réveil de la nature. Plus tard, les chrétiens, qui n'en mangeaient pas durant le carême (les 40 jours avant Pâques), reprirent cette coutume : trop vieux pour être mangés, les œufs étaient décorés avant d'être offerts. Puis on les remplaça par des œufs en chocolat.

Pourquoi décore-t-on les sapins de Noël avec des boules ?

A. Parce que c'est obligatoire.

B. Pour rappeler le paradis.

C. Pour imiter les boules de neige.

Réponse : B. Autrefois, le sapin de Noël était garni de pommes pour rappeler les fruits de l'arbre du paradis des chrétiens. Mais l'hiver 1858 fut si froid qu'il n'y eut pas de pommes : on les aurait alors remplacées par des boules en verre.

Pourquoi reçoit-on des cadeaux à Noël ?

Quand Jésus est né, des Rois mages sont venus d'Orient pour l'adorer et lui offrir des présents. Les chrétiens, qui fêtent Noël et la naissance de Jésus le 25 décembre, ont conservé cette tradition et offrent des cadeaux aux enfants. Aujourd'hui, beaucoup de gens fêtent Noël, même s'ils ne sont pas chrétiens.

Pourquoi met-on des bougies sur les gâteaux d'anniversaire ?

Cette tradition très ancienne remonte à l'Antiquité. On pensait alors que le feu qui restait sur le gâteau pendant quelques secondes protégeait la personne qui fêtait son anniversaire, car il faisait fuir les diables qui rôdaient.

Aujourd'hui, certains pensent que cela porte bonheur d'éteindre les bougies en une seule fois.

Pourquoi dit-on « tchin » quand on trinque ?

Ce mot rigolo rappelle le bruit de 2 verres qui se cognent quand on trinque. Mais on pense qu'il vient aussi du terme chinois *tsing-tsing* qui était utilisé dans la région de Guangzhou (Canton), au début du XXe siècle, pour dire bonjour à quelqu'un.

Pourquoi dit-on « à vos souhaits » quand on éternue ?

Il y a très longtemps, les gens croyaient que, à chaque éternuement, on pouvait cracher des démons, ou que le diable pouvait rentrer par la bouche à ce moment ! On disait alors « à vos souhaits » pour protéger la personne des mauvais sorts et lui souhaiter une bonne santé.

Pourquoi dit-on « OK » quand tout va bien ?

Mystère et boule de gomme ! Pour certains, « OK » sont les 2 premières lettres de *Oll Korrect*, déformation des mots américains *all correct* (tout est bien). Pour d'autres, c'est à cause des marins : quand un bateau était arrivé et que tout allait bien, on disait qu'il était « au quai ».

Pourquoi dit-on « allô » quand on téléphone ?

On pense que « allô » est la déformation du mot *hello*. Ce mot anglais, qui signifie « bonjour », était utilisé pour se saluer aux États-Unis, là où ont été fabriqués les premiers téléphones au XIXe siècle. Mais tout le monde ne dit pas « allô ». En italien, c'est *pronto* et en japonais *moshi moshi* !

Pourquoi dit-on « il pleut des cordes » ?

Lorsqu'il pleut beaucoup, on a parfois l'impression que les gouttes d'eau se rejoignent et qu'elles forment de longues cordes tombant du ciel. Un peu comme lorsque tu prends ta douche !

Pourquoi dit-on « manger comme un cochon » ?

As-tu déjà vu cet animal de la ferme au moment de son repas ? Il grogne, il se bat avec les autres cochons pour avoir les meilleurs morceaux et il renverse sa nourriture. C'est pour cela que l'on fait cette comparaison quand les gens ne se tiennent pas bien à table.

Pourquoi les tirelires sont en forme de cochon ?

Il semble que cette forme soit apparue au XVIIIe siècle à la campagne, car ceux qui possédaient un cochon étaient les plus riches. Les premières tirelires en forme de cochon étaient en porcelaine et il fallait les casser à coups de marteau pour récupérer son argent.

Pourquoi dit-on marcher « à la queue leu leu » ?

Cette expression, datant du Moyen Âge, vient de la manière de se déplacer des loups, marchant en file indienne l'un derrière l'autre. On disait donc « à la queue du loup le loup ». Et comme le mot « loup » se disait « leu », l'expression a fini par devenir « à la queue leu leu ».

Pourquoi dit-on « donner sa langue au chat » ?

Le chat a la réputation d'être très secret, mais aussi malin et curieux. En lui donnant notre langue, c'est-à-dire en lui offrant la capacité humaine de parler, on espère qu'il va donner la réponse à notre place. « Donner sa langue au chat », c'est donc avouer que l'on ne connaît pas la réponse !

Pourquoi verse-t-on parfois des « larmes de crocodile » ?

Dans l'Antiquité, on pensait que les crocodiles pleuraient pour attirer leurs proies. Quand celles-ci s'approchaient, ils les dévoraient. Cette croyance est fausse, mais elle est à l'origine de cette expression qui signifie que l'on fait semblant de pleurer pour obtenir quelque chose.

Pourquoi dit-on que le nez s'allonge quand on ment ?

A. Parce que c'est vrai.

B. À cause d'une marionnette de bois.

C. Parce que les menteurs ont souvent un grand nez.

Réponse : B. Cette expression rappelle l'histoire de Pinocchio, une marionnette créée par Gepetto, un menuisier italien. Chaque fois qu'il mentait, son nez s'allongeait !

Pourquoi dit-on « bête comme ses pieds » ?

On le sait, le cerveau, et donc l'intelligence, se trouve dans la tête. Mais quelle est la partie du corps la plus éloignée de la tête ? Eh oui, les pieds ! Pas étonnant que l'on pense qu'ils sont complètement stupides !

Comment peut-on avoir les yeux plus gros que le ventre ?

Si les yeux (et le cerveau !) imaginent qu'on peut manger une dizaine de gâteaux, l'estomac, lui, en est incapable : il est trop petit pour contenir toute cette nourriture ! Alors, quand on ne peut pas manger tout ce que l'on a mis dans son assiette, on dit que l'on a les yeux plus gros que le ventre !

Pourquoi dit-on « aïe » quand on a mal ?

Dans chaque langue, on exprime la joie, la surprise ou la douleur de manière différente. Les Français disent « aïe » quand ils ont mal, alors que c'est *ouch* pour les Anglais, et *ayaya* pour les Espagnols !

Pourquoi dit-on « grain de beauté » ?

À l'époque du roi Louis XIV, on cachait les cicatrices qu'on avait sur le visage avec des morceaux de tissu foncé pour imiter les grains noirs qui apparaissent parfois sur la peau. Et comme on les trouvait jolis, on les a appelés « grains de beauté » !

Pourquoi dit-on « apprendre par cœur » ?

Pour comprendre cette expression, il faut remonter assez loin dans le temps. Dans l'Antiquité, on pensait que la mémoire se trouvait dans le cœur et non dans le cerveau. Sinon on aurait sûrement dit « apprendre par tête » !

Pourquoi dessine-t-on un cœur pour représenter l'amour ?

Les battements du cœur « traduisent » nos émotions. Quand on est amoureux par exemple, notre cœur bat plus vite. Dès l'époque préhistorique, les hommes ont donc pensé que le cœur était le centre de nos émotions (alors qu'en réalité, c'est le cerveau). Ils l'ont donc choisi pour représenter l'amour.

Pourquoi les feutres sèchent ?

L'encre des feutres contient de l'eau. Quand leur pointe est à l'air libre, cette eau a tendance à s'évaporer. C'est pour cela que les fabricants ont créé des capuchons étanches.

Si tu as oublié de remettre le capuchon de ton feutre et qu'il est sec, mets quelques gouttes de vinaigre blanc sur sa pointe.

Pourquoi l'or est précieux ?

Ce métal, utilisé par les hommes depuis la préhistoire, a beaucoup de qualités : il ne s'use pas, il a une belle couleur et il est facile à travailler pour fabriquer des bijoux ou des médailles. Et comme il est très rare sur notre planète, son prix est aussi très élevé.

Pourquoi trie-t-on les déchets ?

Trier permet de recycler, c'est-à-dire de fabriquer des produits à partir de certains déchets. Par exemple, l'aluminium sert à fabriquer des fers à repasser, les bouteilles en plastique des tuyaux, et le verre… du verre ! Les déchets qui ne peuvent pas être recyclés sont brûlés ou enterrés.

Pourquoi met-on un timbre sur les enveloppes ?

Ce petit morceau de papier autocollant sert à prouver que l'on a bien payé la poste pour l'envoi de la lettre. Il est tamponné par une personne ou une machine pour éviter qu'il ne soit utilisé plusieurs fois. Avec ce tampon, on inscrit aussi la date de l'envoi sur le timbre.

Pourquoi ça résonne dans une pièce vide ?

Dans une pièce vide, le son ne rencontre aucun obstacle (meuble, rideau…). Du coup, il a tendance à rebondir sur les murs ! Cela produit alors une sorte d'écho : ça résonne.

Le tambour, qui a un « ventre » creux, utilise le même principe : le son résonne car il rebondit sur ses parois !

Comment choisit-on le nom des rues ?

Ce sont en général les mairies qui choisissent : le plus souvent, on donne aux nouvelles rues le nom de personnages célèbres, de lieux connus ou d'évènements historiques exceptionnels.

Aux États-Unis, dans la plupart des grandes villes, les noms des rues sont de simples numéros !

Pourquoi l'eau des piscines a une drôle d'odeur ?

C'est parce qu'elle contient du chlore, un produit qui rend l'eau plus propre. Il détruit les microbes contenus dans la sueur des nageurs, dans leur salive et, pour les plus dégoûtants… dans leur pipi. Du coup, si l'eau de la piscine a une drôle d'odeur… c'est qu'elle est propre !

Pourquoi y a-t-il un tourbillon quand on vide la baignoire ?

Lorsqu'on enlève le bouchon de la baignoire, l'eau descend dans le tuyau et, en même temps, l'air contenu dans celui-ci remonte. Un tourbillon peut se former, surtout quand il n'y a pas beaucoup d'eau.

Ajoute quelques gouttes de colorant alimentaire à la fin de ton bain, tu pourras facilement observer le mouvement de l'eau.

Pourquoi y a-t-il de la buée sur les vitres quand on prend un bain ?

Sous l'effet de la chaleur, l'eau du bain s'évapore et se mélange à l'air, formant ainsi de petits nuages. Quand ces petits nuages touchent un miroir ou une vitre, ils refroidissent et redeviennent liquides, formant de la buée.

Ouvre la fenêtre de la salle de bains, l'air deviendra plus sec et la buée disparaîtra vite.

Comment peut-on se voir dans un miroir ?

Les miroirs sont faits d'une fine couche de métal recouverte d'une plaque de verre. Ils n'absorbent qu'une partie de la lumière et réfléchissent le reste : c'est ce qui crée l'image qu'on aperçoit.

Place-toi devant une vitre : tu ne vois pas bien ton image, car la vitre absorbe pratiquement toute la lumière.

Pourquoi faut-il se laver ?

Quand on ne se lave pas, la peau se recouvre d'une couche de saleté et on sent vite une drôle d'odeur (tes amis ne vont pas beaucoup aimer ça !). Mais ce n'est pas tout. Les microbes qui aiment les endroits sales vont s'installer sur la peau et transmettre des maladies.

Pourquoi se lave-t-on avec du savon ?

Quand on frotte le savon contre la peau, il joue 2 rôles parfaitement complémentaires. Le premier est de s'accrocher aux saletés et de les décoller de notre corps. Le deuxième, aussi important, est de les entraîner dans l'eau au moment du rinçage !

Pourquoi le savon pique les yeux ?

Le savon est fabriqué à partir d'huiles et de produits chimiques qui irritent et piquent les yeux. Pour se défendre et chasser le produit, les larmes coulent à flot.

Les shampoings pour enfants sont composés de produits végétaux naturels ; voilà pourquoi ils ne piquent pas les yeux !

Pourquoi faut-il se laver les dents ?

Si on ne se lave pas les dents, des petits morceaux de nourriture y restent coincés. Des microbes vont alors s'y développer et trouer les dents : des caries se forment.

Le crocodile du Nil ne peut pas laver ses dents : c'est un petit oiseau qui vient les lui nettoyer en y picorant la nourriture !

Pourquoi lave-t-on les fruits et les légumes avant de les manger ?

Laver les fruits et les légumes permet d'enlever la terre, les insectes et les saletés qui resteraient ou qui auraient pu se déposer entre le moment de leur récolte et celui de leur vente. De plus, les agriculteurs utilisent parfois des produits chimiques qu'il vaut mieux éviter d'avaler !

Pourquoi faut-il manger des légumes ?

Les légumes nous apportent des éléments indispensables pour rester en bonne santé. Ils contiennent par exemple de la vitamine C, qui nous donne de l'énergie pour toute la journée. Et en plus, ils sont pleins d'eau, ce qui est très important pour notre corps !

Pourquoi ne peut-on pas manger uniquement ce qu'on aime ?

Pour que le corps et le cerveau fonctionnent bien, il faut manger des aliments variés qui apportent les éléments indispensables pour rester en bonne santé. Les légumes et les fruits apportent plein de vitamines, et les produits laitiers sont bons pour les os. Si on ne mange que du sucre, on grossit !

Pourquoi ne doit-on pas parler en mangeant ?

Tout d'abord, on mâche beaucoup mieux la nourriture la bouche fermée. C'est aussi le meilleur moyen de ne pas se mordre la langue ou la joue, ce qui peut faire très mal. Et enfin, c'est souvent difficile de comprendre ce que disent les gens qui parlent en mangeant !

Pourquoi mange-t-on avec des baguettes en Asie ?

Dans l'Antiquité, les Chinois estimaient que les couteaux, utilisés pour la guerre et la chasse, étaient des objets agressifs. Or, le moment du déjeuner devait être une pause amicale et sans violence. Ils auraient donc choisi d'utiliser des baguettes, beaucoup plus inoffensives.

Pourquoi mange-t-on avec une fourchette ?

Au XVIe siècle, les nobles portaient autour du cou des immenses cols que l'on appelait des « fraises ». Ces cols étaient si larges que leur bras n'était pas assez long pour que leur main atteigne leur bouche. Ils ont alors utilisé les fourchettes pour manger proprement.

Pourquoi mange-t-on dans une assiette ?

Jusqu'à la fin du Moyen Âge, on mangeait sur une planche en bois recouverte de tranches de pain pour absorber les sauces et les jus de la viande et des légumes. Mais ça coulait toujours un peu sur la table ! L'utilisation régulière des assiettes, à partir du XVIe siècle, a permis de manger plus proprement.

Pourquoi les enfants ne boivent pas de café ?

Le café contient un produit, la caféine, qui peut exciter ou rendre très nerveux. Quand on en boit trop, on n'arrive plus à dormir. Une tasse de café contient trop de caféine pour un enfant, mais les adultes peuvent boire plusieurs tasses par jour.

Les boissons au cola contiennent aussi de la caféine !

Comment la soupe fait grandir ?

A. Elle ramollit les os.

B. Elle donne des superpouvoirs.

C. Elle apporte des éléments nutritifs.

Réponse : C. La soupe ne fait pas plus grandir que les autres aliments, mais elle apporte des éléments bons pour le corps : les vitamines, minéraux, glucides et fibres contenus dans les légumes, et de l'eau. Une fois digérés, tous ces éléments passent dans le sang et nous nourrissent.

Pourquoi la purée refroidit plus vite quand on l'étale ?

Parce qu'on la met en contact avec des éléments plus froids qu'elle, comme l'assiette ou l'air ambiant. Plus on l'étale, plus elle est en contact avec ces éléments et plus elle refroidit !

Si tu recouvres une autre assiette de purée, elle refroidira moins vite que celle dans ton assiette, car elle ne sera plus en contact avec l'air.

Pourquoi y a-t-il des trous dans la mie du pain ?

Pour faire le pain, le boulanger ajoute à sa pâte de la levure. Celle-ci produit des petites bulles de gaz qui, sous l'effet de la chaleur, grossissent au moment de la cuisson du pain. Les bulles se retrouvent emprisonnées dans la croûte et créent des trous dans la mie.

Pourquoi le pain durcit ?

On ne le sait pas toujours, mais le pain contient de l'eau. Quand cette eau s'évapore au contact de l'air, le pain devient sec, exactement comme une éponge qui sèche sur le bord d'une baignoire.

Mets un bout de pain dans un torchon et un autre à côté : celui qui est à l'air libre va durcir beaucoup plus vite.

Pourquoi le lait est blanc ?

Le lait contient 90 % d'eau et 10 % d'autres substances, comme des matières grasses. Ce sont elles qui donnent sa couleur blanche au lait. Plus un lait contient de matières grasses, plus il est épais, et plus il est blanc : les laits entier, demi-écrémé ou écrémé n'ont donc pas la même couleur.

Pourquoi la mimolette est orange ?

A. Elle est colorée avec un fruit exotique.

B. Elle est très bronzée.

C. Elle contient du jus de carotte.

Réponse : A. Les fabricants de mimolette colorent la pâte de leur fromage avec du roucou, le fruit d'un arbuste d'Amérique du Sud, qui lui donne sa jolie couleur orangée.

Pourquoi y a-t-il des trous dans l'emmental ?

A. À cause de bactéries.

B. Ils ont été percés avec une cuillère.

C. Ce sont des galeries de souris.

Réponse : A. Lors de sa fabrication, l'emmental est stocké dans une cave chaude. Les bactéries naturellement présentes dans le fromage produisent des bulles de gaz, qui, sous l'effet de la chaleur, grossissent et créent des trous.

Pourquoi le fromage fait des fils quand il fond ?

Certains fromages, comme l'emmental, contiennent de nombreuses protéines qui nous donnent de l'énergie, nécessaire surtout quand on grandit. Quand on les chauffe, certaines de ces protéines se collent les unes aux autres pour former de longues chaînes : les « fils » du fromage.

Pourquoi la moutarde pique le nez ?

La moutarde contient une substance très piquante. Quand la langue la repère, elle prévient le cerveau grâce à un nerf, une sorte de tuyau. Comme ce nerf passe près du nez, on a l'impression d'avoir touché la moutarde avec son nez !

La moutarde est fabriquée à partir des graines d'une plante appelée… moutarde.

Pourquoi pleure-t-on en épluchant des oignons ?

L'oignon contient une substance très forte, l'alliinase, qui, quand on l'épluche ou quand on le coupe, s'échappe dans l'air sous forme de gaz. C'est ce qui fait pleurer. Et plus on pleure, plus cela pique !

Pour éviter de pleurer, il faut couper l'oignon dans l'eau.

Pourquoi y a-t-il de l'eau minérale qui « pique » ?

Cette eau, dite « gazeuse », contient des petites bulles de gaz qui essaient de s'échapper. Elles montent dans le verre en pétillant et c'est ce qui donne cette impression de piquant au goût. Ces bulles sont naturellement présentes dans l'eau de la source ou sont rajoutées dans une usine.

Pourquoi l'eau fait des bulles quand elle bout ?

Sous l'effet de la chaleur, l'eau se transforme en bulles de gaz qui montent éclater à la surface. C'est ce que l'on appelle l'« ébullition ». Si on fait bouillir de l'eau dans une casserole, au bout de quelques minutes, il n'y aura plus d'eau du tout : entièrement transformée en vapeur d'eau, elle se sera échappée dans l'air.

Pourquoi les morceaux de sucre fondent dans le café ?

Les morceaux de sucre sont formés de milliers de cristaux. Quand on les plonge dans un liquide, ils se « séparent » : le sucre se dissout. Plus le liquide est chaud, plus le sucre disparaît vite !

Plonge un sucre dans un verre d'eau : tu verras les cristaux se séparer.

Pourquoi les pâtes ramollissent quand on les cuit ?

On fabrique les pâtes avec de la semoule de blé dur et de l'eau. La pâte ainsi obtenue est souple. On lui donne alors la forme que l'on veut et on la sèche immédiatement dans des fours : elle devient dure. Quand on cuit les pâtes dans l'eau chaude, elles absorbent l'eau et retrouvent ainsi leur souplesse.

Pourquoi les gâteaux gonflent quand ils cuisent ?

Quand on fait des gâteaux, on ajoute de la levure dans la pâte. En cuisant, la levure dégage du gaz qui fait des bulles. Ces bulles grossissent et font gonfler le gâteau comme s'il y avait de minuscules ballons répartis partout à l'intérieur.

Pourquoi l'éclair au chocolat se nomme ainsi ?

Certains trouvent que son aspect brillant rappelle la lumière d'un éclair dans le ciel. Pour d'autres, il est si bon qu'il se mange à la vitesse d'un éclair. Et pour les derniers, qui ont beaucoup d'imagination, sa forme ressemble à celle d'un éclair d'orage.

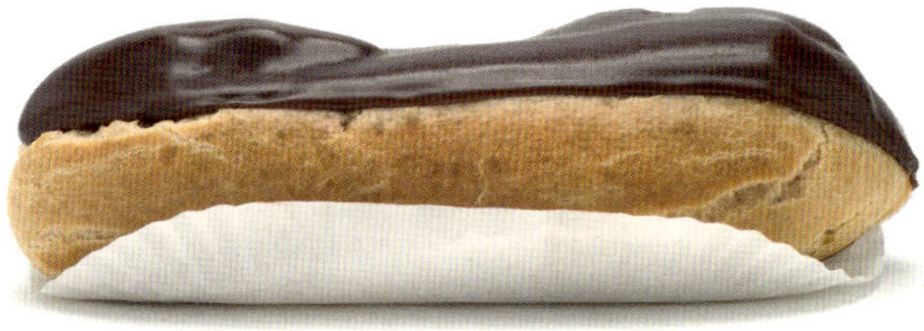

Pourquoi le sel donne soif ?

Quand on mange un plat trop salé, le sel se concentre dans le sang. Le corps l'élimine par l'urine, mais pour fabriquer ce pipi, il utilise beaucoup d'eau. Le cerveau nous ordonne alors de boire pour retrouver la quantité d'eau indispensable au bon fonctionnement de notre corps.

Pourquoi met-on du sel sur la nourriture ?

Avant l'invention des réfrigérateurs, le sel permettait de conserver la nourriture en empêchant qu'elle ne moisisse. Aujourd'hui, il sert surtout à lui donner plus de goût. Mais il ne faut pas trop en mettre : il y en a déjà dans certains aliments, surtout dans les plats que l'on achète tout prêts.

Pourquoi mange-t-on le sucré après le salé ?

Jusqu'en 1800, les plats salés et sucrés étaient disposés en même temps sur la table. Puis, en Europe, on a simplement changé les habitudes et on a servi les plats les uns après les autres en commençant par ceux qui sont salés.

Dans de nombreux pays, on mélange le sucré et le salé dans un même plat.

Comment l'œuf devient dur ?

A. On le met au congélateur.

B. On le fait cuire.

C. On le plonge dans le béton.

Réponse : B. Contrairement à de nombreux autres aliments qui fondent à la cuisson (comme le beurre), l'œuf durcit quand on le fait cuire.

Comment le blanc des œufs se transforme en neige ?

Le blanc d'œuf est principalement constitué d'eau et d'albumine. Quand on le fouette, on fait entrer des bulles d'air dans l'eau. L'albumine les emprisonne et les bulles qui s'entassent à mesure qu'on fouette le mélange forment ainsi la « neige ».

Pourquoi n'y a-t-il pas de poussins dans les œufs qu'on mange ?

Pour qu'il y ait un poussin dans un œuf, il faut que celui-ci ait été fécondé par les spermatozoïdes (graines mâles) d'un coq avant que la poule le ponde. Or les œufs que l'on mange proviennent d'élevages où il n'y a pas de coqs : du coup, ils ne contiennent pas de poussin !

Comment fait-on les trous dans les macaronis ?

A. Avec une perceuse.

B. Avec une machine spéciale.

C. Avec les doigts.

Réponse : B. Les trous des macaronis sont formés par une machine : la pâte passe dans un appareil qui forme des tuyaux, un peu comme un moule, et ainsi, les trous sont faits ! Dans ces usines, les machines fabriquent 2 000 à 8 000 kg de macaronis par jour !

Pourquoi fait-il froid dans un réfrigérateur ?

C'est la seule manière de conserver les aliments frais pendant plusieurs jours et même pendant plusieurs semaines. Car le froid endort les microbes et ralentit le développement des moisissures sur les aliments.

Laisse un peu de fromage râpé en dehors du réfrigérateur. Au bout de plusieurs jours, il va moisir et devenir vert !

Comment les avions se dirigent dans le ciel ?

Avant le décollage, le pilote établit un plan de vol indiquant la destination, la route aérienne à suivre, l'altitude… Pendant le vol, il utilise les ordinateurs de bord, des cartes, la radio, les radars et le GPS. Il est en relation permanente avec les tours de contrôle qui le suivent et le guident jusqu'à l'atterrissage.

Sciences

Comment se forment les traînées blanches derrière les avions ?

Le moteur d'un avion fonctionne en brûlant du carburant qui contient un peu d'eau. Sous l'effet de la chaleur, l'eau se transforme en vapeur et en gouttelettes. À très haute altitude où l'air est très froid, ces gouttes gèlent et forment des cristaux de glace blancs, comme un nuage.

Comment les avions volent ?

L'avion prend de la vitesse grâce à un moteur à hélices ou à réaction : il décolle. Le déplacement de l'air autour de ses ailes bombées le maintient en l'air : il tourne, monte et descend à l'aide du moteur et de ses ailes.

Comment était le premier avion ?

Le premier avion moderne a été construit par 2 Américains, les frères Wright. L'appareil était équipé de 2 ailes posées l'une sur l'autre et d'un moteur à hélices. Le pilote s'installait à plat ventre dans l'appareil.

Le premier vol eut lieu le 19 décembre 1903 et dura… 12 secondes !

Comment les montgolfières se dirigent ?

Dans l'atmosphère, il y a plusieurs « couches » de vents différents. Ces vents ne vont pas tous à la même vitesse ni dans la même direction. Le pilote fait monter ou descendre la montgolfière pour trouver le vent qui va dans la direction qu'il souhaite.

Comment un bateau en acier peut flotter ?

Sur l'eau, tout semble moins lourd que sur Terre, car l'eau repousse les objets vers le haut. De plus, la coque du bateau située sous la surface de l'eau contient beaucoup d'air qui lui permet de flotter.

Comment les bateaux se dirigent sur la mer ?

Les capitaines des bateaux, aidés par les ordinateurs et les GPS, utilisent des cartes marines pour se repérer et choisir leur route sur les mers et les océans. Ces cartes indiquent la profondeur de l'eau, les dangers (rochers, bancs de sable…) et les différentes signalisations comme les phares ou les bouées.

Comment les sous-marins plongent et remontent ?

Dans la coque du sous-marin se trouvent des réservoirs appelés « ballasts ». Pour plonger, le sous-marin remplit complètement ses ballasts d'eau de mer : il s'alourdit et s'enfonce. Pour remonter à la surface, il retire l'eau de ses ballasts en y introduisant de l'air comprimé : il s'allège et remonte.

Comment explore-t-on le fond de la mer ?

A. Avec un masque et un tuba.

B. Remorqué par une raie.

C. En sous-marin.

Réponse : C. Les chercheurs explorent les fonds des océans (jusqu'à 11 000 m) à bord de petits sous-marins, de navettes, ou avec des robots qu'ils commandent depuis un bateau à la surface de l'eau. Ces engins sont pourvus de bras capables d'attraper des échantillons de sable ou des rochers et des bactéries présentes dans l'eau, afin de les étudier.

Comment construit-on les ponts sur les rivières ?

Dans le fond de la rivière, sous l'eau, on construit des gros piliers en béton qui supporteront le poids du pont. On en construit aussi à chaque extrémité du pont, sur la terre ferme. Puis, on installe une sorte de couverture au-dessus des piliers, recouverte de bitume pour faire une route.

Comment dessine-t-on les lignes sur la route ?

Sur les routes et les autoroutes, pour tracer des lignes continues ou en pointillé, on utilise un camion équipé d'une machine qui projette de la peinture sur le sol. Pour dessiner des signes (comme le vélo qui indique une piste cyclable), on prend un pochoir et on peint avec un pistolet à peinture !

Comment était le premier train ?

Les premiers wagons qui se déplaçaient sur des rails n'avaient pas de locomotive : c'étaient des hommes ou des chevaux qui les tiraient. La première locomotive à vapeur alimentée par du charbon fut construite au Royaume-Uni, en 1804.

Comment creuse-t-on un tunnel sous la mer ?

Les ingénieurs étudient d'abord les roches sous-marines pour savoir où on peut creuser un tunnel. Puis d'énormes machines cylindriques, les tunneliers, vont « grignoter » le sol à des dizaines de mètres (et parfois beaucoup plus) sous le fond de la mer.

Depuis 1994, un tunnel de plus de 50 km sous la Manche relie la France et la Grande-Bretagne.

Comment était le premier vélo ?

A. Avec 2 roues, un guidon mais sans pédales.

B. Avec une roue mais sans selle.

C. Avec 3 roues alignées.

Réponse : A. La draisienne, mise au point en 1817, avait un cadre et 2 roues en bois, une petite selle, un guidon, mais ni pédales ni freins. Il fallait pousser sur ses jambes pour avancer : c'est pour cela qu'on l'appelait aussi la machine à courir ! Aujourd'hui, on en fabrique toujours pour apprendre aux enfants à faire du vélo.

Comment fonctionnent les freins d'un vélo ?

2 Cela tire le câble qui actionne une pièce métallique pourvue de « patins » (sortes de coussinets en gomme dure).

1 Pour freiner, on serre les manettes.

3 Les 2 patins appuient sur les roues et les font ralentir.

Comment fonctionnent les essuie-glace ?

Les essuie-glace sont commandés par un petit moteur électrique. Ce moteur est équipé d'un système qui fait bouger l'essuie-glace dans un sens puis dans l'autre. La fine lame fixée sur le bras de l'essuie-glace peut alors chasser l'eau du pare-brise.

Comment était la première voiture ?

C'est en 1886 que la première voiture sort du garage de l'Allemand Karl Benz. Elle a 3 roues (1 devant et 2 derrière), 2 vitesses, un moteur à essence et roule à 15 km/h, ce qui correspond à la vitesse d'un vélo !

Avant 1900, on achetait l'essence en pharmacie car ce produit servait aussi de détachant !

Comment les feux passent au rouge puis au vert ?

A. Ils détectent la chaleur.

B. Au son du klaxon.

C. Grâce à un appareil électronique.

Réponse : C. Cet appareil, appelé « contrôleur », détecte la présence de véhicules grâce à un radar installé au-dessus du feu ou à des capteurs placés sous la route. Il commande le passage du feu rouge au feu vert selon le nombre de voitures, de façon à faciliter la circulation.

Comment allume-t-on les lampadaires ?

Au XIXe siècle, les lampadaires fonctionnaient au gaz. Un homme passait chaque soir avec une grande flamme pour les allumer et revenait chaque matin pour les éteindre ! Depuis qu'ils sont électriques, c'est un système automatique qui les met en marche et les arrête en fonction de la lumière du jour.

Comment fonctionnent les fontaines ?

Sous le monument en pierre, un tuyau amène de l'eau pompée depuis une source. L'eau coule dans le bassin, puis repart. L'eau peut aussi être stockée en hauteur dans le monument : elle descend dans les tuyaux, jaillit par une ouverture et retourne dans le réservoir.

Comment fonctionne un château d'eau ?

Une pompe capte l'eau du sous-sol ou d'une usine de recyclage et la fait monter jusqu'au réservoir, au sommet du château.

L'eau du réservoir repart dans les tuyaux qui descendent vers le réseau de distribution, puis dans les tuyaux des maisons.

Comment l'eau arrive dans le robinet ?

D'énormes canalisations (très gros tuyaux) transportent l'eau depuis un réservoir enterré ou un château d'eau vers la ville. Puis elles se divisent sous les trottoirs en tuyaux de plus en plus petits jusqu'aux maisons et aux immeubles.

C'est seulement depuis la fin des années 1980 que tous les Français ont l'eau courante à domicile !

Comment fonctionne un ascenseur ?

La cabine de l'ascenseur est suspendue à un câble métallique. Elle monte et descend grâce à un moteur électrique, aidé par un système de contrepoids. Lors de l'arrêt à un étage, l'ascenseur est immobilisé par des freins.

Comment fonctionnent les escaliers roulants ?

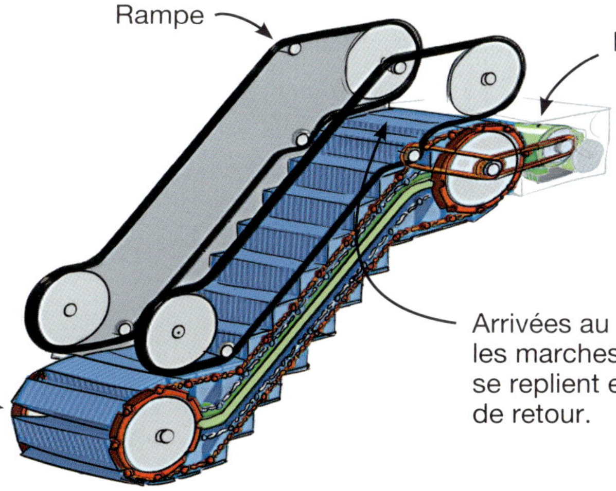

Comment fonctionnent les égouts ?

Sous chaque rue se trouve une galerie souterraine où arrivent les eaux « usées » des habitations. L'eau de pluie y parvient aussi en coulant par des bouches métalliques percées dans les caniveaux. L'eau sale voyage ainsi jusqu'à des usines d'épuration.

Comment fonctionne une chasse d'eau ?

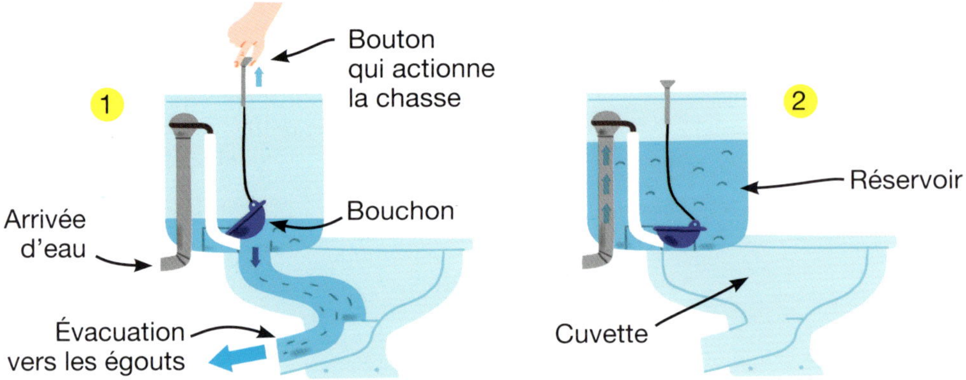

1 Quand on actionne la chasse, le bouchon se soulève et l'eau du réservoir, qui s'écoule dans la cuvette, évacue les déchets dans les égouts.

2 Le bouchon retombe et le réservoir se remplit de nouveau.

Comment construit-on une maison ?

Les maçons construisent des murets dans la terre pour porter le poids de la maison (les fondations). Dessus, ils élèvent les murs en brique, en béton ou en bois. Au dessus, le charpentier pose le squelette du toit, qui sera couvert de tuiles ou d'ardoises. Puis on installe les tuyaux pour l'eau et l'électricité, et les murs intérieurs.

Comment les Inuits fabriquent les igloos ?

Avec un couteau, les Inuits découpent de gros blocs de neige gelée. Ils les disposent en cercle puis en toit arrondi, se servant de la neige comme ciment pour les coller. Il y a une seule petite ouverture pour entrer, des petits trous pour aérer et parfois une fenêtre.

Comment construit-on les gratte-ciel ?

On commence par construire la partie centrale de la tour, avec les ascenseurs, les escaliers, les tuyaux d'eau et d'électricité. Autour, on bâtit des piliers en béton ou en métal qui vont supporter le poids du bâtiment. Enfin, on monte les murs et on sépare les étages en bureaux ou en appartements.

Comment a-t-on construit la statue de la Liberté ?

La statue fut sculptée dans du cuivre par le Français Auguste Bartholdi. L'ingénieur Gustave Eiffel conçut un squelette métallique haut de 46 m. On y fixa les plaques de cuivre en grimpant sur un échafaudage. Puis la statue fut découpée en 350 pièces pour rejoindre New York par bateau en 1885 !

Comment a-t-on construit la tour Eiffel ?

La tour Eiffel a été construite pour l'Exposition universelle de Paris en 1889. Pendant 2 ans, 2 mois et 5 jours, 250 ouvriers ont assemblé des poutres et des plaques d'acier avec des boulons. Avec ses 312 mètres, c'est le plus haut bâtiment du monde. Il est détrôné en 1930 par le Chrysler Building, un gratte-ciel de New York haut de 319 mètres.

Comment a-t-on découvert l'électricité ?

Dès l'Antiquité, l'homme connaît l'électricité produite par la foudre, certains poissons comme les torpilles ou par le frottement de matériaux. Au XVIIe siècle, on invente des machines à frottement qui produisent de l'électricité. Puis, en 1799, l'Italien Alessandro Volta met au point la pile électrique.

Comment l'électricité arrive à la maison ?

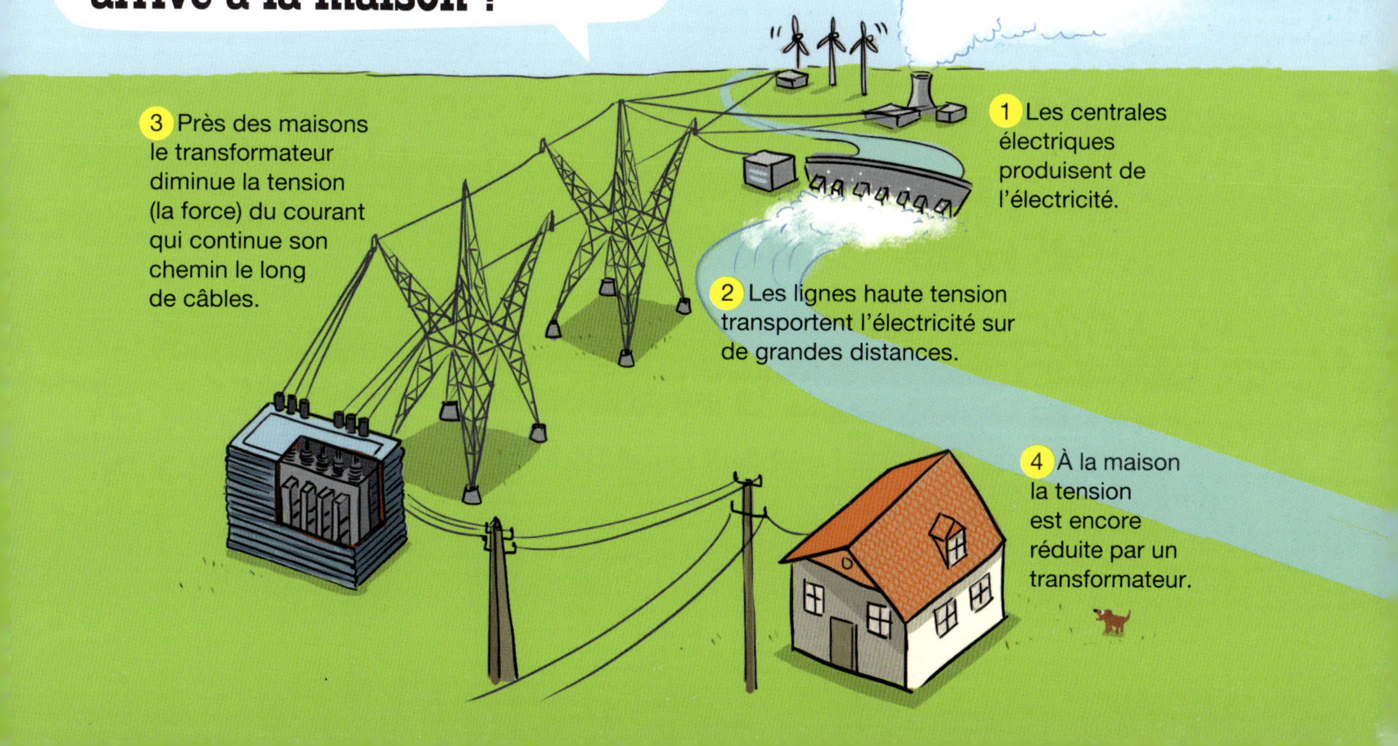

Comment fabrique-t-on l'électricité ?

Dans une centrale, une énergie (le vent, l'eau, la chaleur…) fait tourner une sorte d'hélice qui entraîne un « alternateur » contenant des bobines de fils électriques et des aimants. En tournant entre les aimants, les bobines produisent de l'électricité.

Comment fonctionne une éolienne ?

L'éolienne est une gigantesque hélice à 2 ou 3 pales que le vent fait tourner. Cette hélice entraîne un générateur qui produit de l'électricité. On installe les éoliennes dans des régions ventées, au sommet des collines, au bord de la mer ou en pleine mer.

En 2013, c'est en Chine que l'on produit le plus d'électricité avec des éoliennes.

Comment peut-on prévoir le temps qu'il fera ?

Dans l'espace, les satellites prennent des photos du ciel et à la surface de la Terre, des appareils prennent des mesures. À partir de ces informations, les météorologues étudient les déplacements des nuages et des courants d'air chaud et froid, et prévoient le temps qu'il fera les jours suivants.

Comment la glace flotte ?

La glace est moins dense que l'eau, c'est-à-dire qu'elle est moins lourde. Pourquoi ? Parce qu'en gelant, l'eau prend plus de place que l'eau liquide. Elle contient alors plus de vide. C'est pourquoi elle est plus légère, et flotte !

Comment l'eau se transforme en glace ?

L'eau se transforme en glace sous l'effet du froid. Quand la température descend en dessous de 0 °C, les minuscules particules qui constituent l'eau (les molécules) se collent les unes aux autres et se transforment en cristaux de glace. L'eau devient alors solide.

Comment fonctionne l'écho ?

Quand on crie près d'un grand obstacle (falaise, mur…), on peut entendre à nouveau ce cri 2 secondes plus tard : c'est l'écho. Le son a rebondi sur l'obstacle et parcouru le chemin en sens inverse.

Comment trouve-t-on du pétrole ?

A. Avec un forage.

B. Avec un détecteur de métaux.

C. Avec des lunettes à infrarouge.

Réponse : A. Le pétrole se trouve dans des poches sous le sable, dans la mer ou les déserts autrefois recouverts par un océan. Pour l'atteindre, on creuse un forage : une sorte de puits très profond qui perce la poche. Puis, on pompe le pétrole.

Comment trouve-t-on de l'or ?

On peut trouver de l'or en lavant et triant les cailloux situés au fond des rivières. Les chercheurs d'or, appelés « orpailleurs », utilisent un récipient dont le fond ressemble à une passoire. Ils filtrent le sable à la recherche de paillettes d'or, en versant de l'eau dessus.

Aujourd'hui, on extrait l'or des rivières de façon industrielle avec des produits chimiques, ou en creusant le sol des mines.

Comment fonctionne un aimant ?

L'aimant est fabriqué dans un matériau qui attire tous les objets en fer. Il possède un pôle « nord » et un pôle « sud » : si l'on met 2 pôles identiques (de 2 aimants) au contact l'un de l'autre, ils se repoussent. À l'inverse, les pôles contraires (nord et sud) s'attirent.

Comment mesure-t-on le mont Blanc ?

A. Avec le compteur d'une voiture.

B. Avec un GPS.

C. Avec un mètre.

Réponse : B. Tous les 2 ans, des géomètres (techniciens qui prennent des mesures sur le terrain) vont au sommet du mont Blanc afin d'en mesurer l'altitude (4 810,06 m en 2013). Ils plantent 2 antennes dans la neige, puis des mesures sont enregistrées par des appareils, comme le GPS, qui calculent l'altitude exacte.

Comment utilise-t-on une boussole ?

On utilise une boussole en randonnée par exemple, pour ne pas se perdre. Cet instrument possède une aiguille aimantée qui indique toujours le nord : une fois qu'on a repéré où était le nord, on trouve l'est, l'ouest et le sud. À partir de là et avec une carte, on peut se repérer et trouver son chemin.

Comment dessine-t-on une carte de géographie ?

On choisit d'abord le sujet de la carte (routes, paysages…) et la taille à laquelle on va la dessiner. On prend des mesures au sol et des photos par avion ou par satellite. Aujourd'hui, les informations sont enregistrées sur un ordinateur, puis la carte est tracée et imprimée.

Comment fonctionnaient les premières montres ?

Les premières montres fonctionnaient sans pile ; il fallait les « remonter » tous les jours en tournant un bouton. À l'intérieur, un ressort actionnait le mécanisme qui déplace les aiguilles. On commence à porter les montres au poignet vers 1900.

Comment fonctionne un sablier ?

Le sablier est fait de 2 récipients transparents reliés par un passage très étroit. Quand le sable est dans la partie haute, il s'écoule régulièrement et lentement dans la partie basse. Cela permet de mesurer un temps précis.

Les sabliers mesurent le plus souvent 1 à 5 minutes, mais parfois des semaines ou même un an !

Comment était le premier téléphone ?

C'est en 1860 qu'Antonio Meucci, un Américain, a présenté le premier téléphone. À cette époque, téléphoner n'était pas simple : quand on décrochait le combiné, l'appel arrivait à un employé. C'est lui qui composait le numéro demandé et mettait en relation les 2 personnes qui s'appelaient.

Comment la voix passe dans le téléphone ?

Le son de la voix est produit par des vibrations qui, en passant dans le micro du téléphone, sont transformées en signaux électriques. Quand ces signaux parviennent à l'écouteur de la personne qu'on appelle, ils sont à nouveau transformés en sons !

Comment était le premier ordinateur ?

En 1946, le premier ordinateur était une machine longue de 30 mètres (plus longue qu'un gros camion) qui pesait 30 tonnes. Elle calculait 100 000 additions à la seconde, mais seulement 357 multiplications et 38 divisions.
En 2013, l'ordinateur le plus puissant au monde fait plus de 17 millions de milliards d'opérations par seconde !

Pourquoi la souris de l'ordinateur s'appelle une « souris » ?

A. En raison de sa forme.

B. À cause de Mickey Mouse.

C. Elle a été créée à Souryville.

Réponse : A. Inventées en 1963, les premières souris d'ordinateur étaient de couleur grise ou blanche, exactement comme une souris ! En plus, elles étaient reliées à l'ordinateur par un câble qui rappelait la queue de l'animal.

Comment la souris de l'ordinateur déplace la flèche à l'écran ?

A. Avec une ficelle.

B. Avec ses moustaches.

C. Avec un rayon lumineux.

Réponse : C. Sous la souris, il y a une lumière qui émet un rayon. Celui-ci envoie des informations à l'ordinateur : c'est grâce à lui que la petite flèche se déplace sur l'écran !

Comment ça marche, Internet ?

A. Avec du fil de toile d'araignée.

B. Avec un surf.

C. Avec des ordinateurs reliés entre eux.

Réponse : C. Internet est un système qui permet de relier entre eux des millions d'ordinateurs. Les informations sont stockées dans des superordinateurs (les serveurs). Il suffit de s'y connecter depuis son propre ordinateur pour obtenir les informations voulues ou envoyer des messages.

Comment fonctionne la télé ?

A. Avec des ondes.

B. Avec des signaux de fumée.

C. Avec de l'eau.

Réponse : A. Toutes les émissions de télévision sont filmées et envoyées vers les postes de télévision sous forme d'ondes qui passent dans l'air ou dans des câbles. Puis les télévisions les transforment en sons et en images.

Comment était la première télévision ?

La première télévision a été créée en 1926, en Grande-Bretagne : elle ressemblait à un gros poste de radio, et son écran était minuscule. Les images diffusées étaient en rouge et noir et assez floues, mais on parvenait tout de même à reconnaître un visage.

Pourquoi les vieux films sont en noir et blanc ?

Ce n'est pas pour faire joli ! Au tout début du cinéma, les caméras et les pellicules n'étaient pas assez développées pour tourner des films en couleurs. Certains cinéastes peignaient directement la pellicule, mais c'était très long.

Comment bougent les images au cinéma ?

Les images ne bougent pas : le projecteur envoie des images fixes qui passent très vite.
C'est notre cerveau qui fait le lien entre ces images, nous donnant l'impression qu'elles bougent !

Sur un petit bloc, dessine un personnage.
Sur chaque feuille, dessine-le les bras un peu plus levés. Puis fais tourner les pages !

Comment fabrique-t-on les billets de banque ?

Les billets en euros sont imprimés par la Banque de France (et les banques centrales des pays de la « zone euro »), avec du papier et de l'encre spéciaux pour empêcher la production de faux billets.

Touche un billet : certaines inscriptions sont imprimées en relief. Regarde-le : tu verras des signes et des fils dans le papier.

Comment l'argent sort d'un distributeur ?

Pour obtenir les billets, on introduit dans le distributeur une carte qui porte une puce électronique : après avoir composé un code secret, le distributeur « lit » la puce et s'il constate qu'il y a assez d'argent sur le compte bancaire, il délivre les billets.

Comment fonctionne le Photomaton ?

Le Photomaton est une cabine qui comporte une caméra numérique. Quand on introduit les pièces, cela déclenche automatiquement l'appareil, qui nous filme. Puis, quand on presse un bouton, l'appareil prend une photo. Enfin, une imprimante délivre la photo sur du papier stocké dans la machine sous forme de rouleau.

Comment fait-on des images en relief ?

Les photographies en relief sont constituées de 2 images différentes de la même scène. On les regarde avec des lunettes qui ont un œil bleu et un rouge. Celles-ci filtrent les couleurs : chaque œil voit 1 image différente que le cerveau mélange pour donner une impression de profondeur et de relief.

Comment fait-on les effets spéciaux dans les films ?

Les effets spéciaux font croire que des actions impossibles à réaliser dans la réalité se passent vraiment. Aujourd'hui, on les crée en associant des images « virtuelles » (dessinées sur l'ordinateur) à de vraies scènes filmées.

Autrefois, les acteurs jouaient devant des maquettes ou des paysages peints.

Comment fabrique-t-on le papier ?

Aujourd'hui, le papier est essentiellement fabriqué à partir du bois, dont on retire l'écorce et qu'on réduit en morceaux avant de le cuire avec des produits chimiques. Il est finement broyé pour obtenir une pâte qui passe dans des rouleaux qui l'aplatissent, la sèchent et la transforment en feuille.

Comment fabrique-t-on les crayons à papier ?

La mine de crayon est un mélange de poudre de graphite (une sorte de charbon), d'argile et d'eau. La pâte obtenue est déposée entre 2 plaquettes de bois creusées de rainures, puis collées. Il ne reste qu'à découper les crayons et à les peindre.

Comment fabrique-t-on la couleur des peintures ?

C'est avec des éléments naturels ou artificiels en poudre (les pigments) que l'on obtient la couleur des peintures. Ils sont mélangés avec de l'huile ou de la gomme selon que l'on fabrique de la peinture à l'huile ou de la gouache.

Comment fabrique-t-on les craies ?

Le fabricant verse de l'eau et de la poudre de gypse (une roche) dans le réservoir d'une machine. La pâte est mélangée par un mixeur, puis refroidie, avant d'être coulée dans des moules en forme de petits bâtons. On laisse alors sécher les craies pour qu'elles durcissent.

Comment un effaceur peut effacer l'encre ?

L'effaceur ne peut pas supprimer l'encre, mais il la rend invisible en changeant sa nature chimique. L'encre de Chine ne s'efface pas, car elle est constituée de minuscules morceaux de charbon.

Efface quelques mots, puis passe du jus de citron dessus : l'encre va réapparaître.

Comment la colle peut coller ?

La colle est faite d'éléments minuscules : des molécules. Ces molécules agissent comme des petits crochets : lorsque l'on colle une gommette sur une feuille de papier, par exemple, elles s'agrippent à la feuille. C'est pourquoi la gommette y reste collée.

Comment une gomme peut gommer ?

La mine du crayon dépose de tout petits morceaux sur la feuille. Pour effacer, la gomme arrache une très fine couche de papier : les morceaux de mine se détachent et se collent sur la gomme.

Malaxe de la mie de pain et forme une boulette bien compacte. Tu pourras t'en servir comme d'une gomme !

Comment fabrique-t-on le plastique ?

Le plastique est généralement fabriqué avec du pétrole. En le mélangeant à des produits chimiques et en le chauffant, on obtient des petites billes de plastique. Pour fabriquer des objets, on fait chauffer ces billes, on verse la pâte liquide dans des moules à la forme de l'objet, puis on la refroidit.

Comment recycle-t-on le plastique ?

Les emballages sont triés selon la sorte de plastique. Les flacons en plastique opaque (bouteilles de lessive), transparent ou coloré (bouteilles d'eau et de sodas) sont broyés, puis fondus. La pâte obtenue permet de fabriquer des arrosoirs, des tuyaux ou de la maille polaire (pour faire des pulls).

Comment fabrique-t-on la laine ?

Le tondeur tond les moutons, lave leur toison et la démêle. Puis, la laine passe dans une machine qui sépare les filaments et les nettoie. Il en sort un ruban qui est peigné, étiré en fils, puis enroulé en pelote.

Le fil tissé avec la laine d'un seul mouton ferait 8 fois le tour de la Terre !

Comment fabrique-t-on le coton ?

Avec une machine ou à la main, le cueilleur récolte les graines recouvertes de poils (les fibres) du cotonnier, un arbuste qui pousse dans les pays chauds. Ces graines sont nettoyées et pressées pour en extraire le coton en vrac. Enfin, les fibres sont traitées, filées puis tissées en fil de coton.

Comment fabrique-t-on le verre ?

Pour fabriquer le verre, on utilise… du sable ! Il est mélangé à de la poudre de calcaire (une roche), des produits chimiques, puis chauffé à environ 1 500 °C. La pâte ainsi obtenue est mise en forme et moulée. En refroidissant, elle devient solide : le verre est prêt à être utilisé !

Comment fabrique-t-on les billes ?

Du sable est chauffé avec des produits chimiques dans une cuve pourvue d'un robinet. Un ruban de pâte de verre en sort, que l'on découpe en petits dés. On fait refroidir ces dés dans une cuve qui tourne très vite pour leur donner leur forme arrondie.

Il existe aussi des billes en métal, en terre, ou encore en pierre.

Comment un ballon peut rebondir ?

A. Il obéit à la volonté du joueur.

B. L'air à l'intérieur agit comme un ressort.

C. Il est rempli de petits ressorts.

Réponse : B. Si le ballon est bien gonflé, l'air emprisonné à l'intérieur agit comme un ressort. Quand on le lance par terre, à l'endroit du choc, le ballon se déforme. En cherchant à reprendre sa forme bien ronde, il rebondit dans la direction opposée.

Pourquoi les ballons de baudruche explosent quand on les perce ?

Quand le ballon est gonflé, sa matière élastique est très tendue. Du coup, si on fait un trou avec une aiguille, il s'agrandit très vite. C'est ce qui provoque l'explosion.

Colle un bout de scotch sur un ballon gonflé ; il n'est plus élastique à cet endroit. Si tu le perces là, il se dégonflera lentement et n'explosera pas.

Comment une toupie tient en équilibre ?

Quand on fait tourner une toupie sur sa pointe, elle tourne autour d'une ligne verticale appelée « axe ». Tant que la toupie continue à tourner, elle reste en équilibre. Mais quand elle perd de la vitesse, l'axe penche et la toupie finit par tomber.

Comment vole le cerf-volant ?

Le cerf-volant est généralement constitué d'une armature rigide sur laquelle est fixée une toile. On le tient par un ou plusieurs fils. Il s'élève avec le vent et reste suspendu grâce à l'air qui s'engouffre dans sa toile.

Le record d'altitude atteint par un cerf-volant est de 10 000 mètres : aussi haut qu'un avion !

Comment un sifflet fait du bruit ?

Quand on souffle dans le bec du sifflet, on fait entrer dedans de l'air vite et fort. L'air ressort par l'ouverture située au sommet, et comme cette ouverture est très étroite, l'air vibre et produit un sifflement.

Coince un brin d'herbe entre tes pouces et souffle dessus : l'herbe fait vibrer l'air, qui « siffle » !

Comment le piano produit des sons ?

Chaque touche du clavier est reliée à un marteau en bois situé à l'intérieur du piano. Quand on appuie sur une touche, le marteau se soulève et frappe des cordes métalliques, qui vibrent et produisent un son. Chacune des cordes, selon sa longueur et son épaisseur, produit un son différent.

Comment fonctionne un kaléidoscope ?

Un kaléidoscope est un tube qui contient 3 longs miroirs disposés en triangle. À l'une des extrémités du tube se trouvent 2 rondelles de verre entre lesquelles sont glissées des perles colorées. Quand on regarde par l'autre extrémité, l'image des perles se réfléchit sur les miroirs, multipliée à l'infini !

Comment les allumettes s'enflamment ?

A. Par frottement.

B. Par magie.

C. Par hasard.

Réponse : A. Les allumettes ont l'extrémité enduite d'une substance rouge contenant des produits chimiques, de la gélatine et de la poudre de verre. Quand on les frotte sur le côté de la boîte qui gratte (constitué de phosphore et d'une substance râpeuse), cela produit une réaction chimique et une étincelle qui enflamme le bâtonnet.

Comment le feu brûle ?

Pour que le feu brûle, il faut que 3 éléments soient réunis en même temps : de l'air, un élément qui brûle, comme du papier, et une source d'énergie, comme une étincelle. Si l'un des 3 manque, il n'y a pas de feu.

Si on recouvre une bougie avec une tasse, la flamme s'éteindra tout de suite, car elle a besoin d'air.

Pourquoi la flamme de la bougie est jaune ?

A. C'est la mèche qui lui donne cette couleur.

B. C'est une question de température.

C. Elle se voit mieux dans la nuit.

Réponse : B. La flamme de la bougie a plusieurs couleurs, qui changent en fonction de la température. La base de la flamme, qui est bleue, brûle à 1 200 °C environ ; son sommet est jaune, et ne brûle « que » à 700 °C !

Comment fait-on les feux d'artifice ?

Les feux d'artifice sont des fusées contenant un mélange de poudres. On allume une mèche pour enflammer le mélange qui explose : la fusée décolle. Puis le feu atteint un réservoir contenant d'autres poudres qui explosent en plein ciel, créant des figures colorées.

Comment les boomerangs reviennent ?

A. On les siffle.

B. Ils sont radiocommandés.

C. Grâce à la forme de leurs branches.

Réponse : C. Grâce à la forme de ses branches, le boomerang tourne sur lui-même (comme une toupie) en parcourant une courbe. Le dessus des branches est bombé : c'est ce qui lui donne sa trajectoire courbe… et lui permet de revenir.

Comment fonctionne un four à micro-ondes ?

Le four à micro-ondes ne cuit pas les aliments comme un four traditionnel. Il se sert des minuscules particules d'eau (les molécules) que contiennent les aliments : des micro-ondes les agitent, ce qui dégage une forte chaleur. Ainsi, on peut réchauffer ou cuire rapidement les aliments.

Comment fait-on des ricochets sur l'eau ?

Quand on lance un caillou plat sur l'eau, en le faisant tourner sur lui-même comme un Frisbee, il s'enfonce en creusant un peu la surface de l'eau. L'eau cherche à retrouver sa forme initiale et repousse le caillou, en le faisant rebondir.

Plus sa surface et sa vitesse sont grandes, moins le caillou s'enfonce dans l'eau.

Comment fait-on le pain ?

Le boulanger mélange de la farine de blé, du sel, de l'eau et de la levure qui fera gonfler la pâte. Puis il la pétrit longuement et forme les pains. Après 4 à 5 heures de repos, la pâte a gonflé et les pains sont mis dans un four à 250 °C. Lorsqu'ils sont bien dorés, ils sont cuits et prêts à être mangés !

Comment fabrique-t-on le fromage ?

Pour faire du fromage, on ajoute au lait un ingrédient qui le sépare en 2 parties : le petit lait, qui sera utilisé dans d'autres produits (boissons, chocolat et biscuits) et le caillé. Le caillé est découpé en dés, égoutté, mis dans des moules et salé. Le fromage est prêt au bout de quelques jours, semaines… ou mois !

Comment met-on le lait dans les briques ?

A. On trait les vaches au-dessus des briques.

B. Une machine remplit automatiquement les briques.

C. Les vaches pondent les briques !

Réponse : B. Le lait est emporté par camion de la laiterie à l'usine. Puis il est chauffé à très haute température pour tuer les microbes. Ensuite, des machines le versent automatiquement dans des briques et les ferment

Comment fait-on les yaourts ?

On mélange du lait de vache, de chèvre ou de brebis avec des ferments (sortes de champignons) qui le font épaissir. On peut ajouter du sucre, des fruits, du chocolat… On verse le mélange dans des pots et on les fait chauffer tout doucement pendant plusieurs heures. Puis on fait refroidir les yaourts.

SCIENCES

Comment fabrique-t-on les chewing-gums ?

A. Avec de la gomme et du sucre.

B. Avec du caoutchouc et du sirop.

C. Avec du plastique et de la peinture.

Réponse : A. Les chewing-gums sont fabriqués à partir d'une pâte élastique appelée gomme, de sucre, de colorants et d'arômes. Ces ingrédients sont mélangés et chauffés, puis la pâte est découpée en tablettes ou en dragées.

Comment fabrique-t-on les bonbons ?

Les bonbons sont faits de sucre, d'eau, d'arômes et de colorants, et parfois de gélatine qui leur donne un aspect mou et élastique. La pâte obtenue est moulée, puis couverte de cristaux de sucre ou de cire d'abeille pour éviter que les bonbons collent !

Comment fait-on la crème Chantilly ?

A. En fouettant du lait.

B. En fouettant de la crème.

C. En fouettant des blancs d'œufs.

Réponse : B. Pour faire de la crème Chantilly, il faut fouetter de la crème liquide entière (pas écrémée) avec du sucre et parfois de la vanille. Quand on fouette, des petites bulles d'air entrent dans le mélange : elles sont piégées dans les matières grasses de la crème et s'entassent, ce qui fait gonfler le mélange.

Comment fait-on les corn flakes ?

Les corn flakes sont des pétales de maïs. Pour les fabriquer, on mélange les grains de maïs avec du sucre, de l'eau, du malt (une céréale) et du sel, puis on les cuit à la vapeur. Ces grains sont ensuite écrasés entre 2 rouleaux et grillés : c'est là que se forment les bulles à la surface des pétales.

Comment fabrique-t-on le chocolat ?

Les graines du cacaoyer (arbre d'Afrique, d'Indonésie et d'Amérique du Sud) sont séchées au soleil, puis grillées et broyées pour donner la pâte de cacao. On y ajoute du sucre et on fait passer ce mélange entre 2 rouleaux pour le rendre plus lisse, avant de le couler dans des moules pour fabriquer le chocolat.

Comment fabrique-t-on le sucre ?

Le sucre est produit à partir de canne à sucre ou de betterave sucrière que l'on presse pour récolter leur jus. Ce jus est filtré pour retirer toutes les impuretés, puis il est chauffé pour éliminer l'eau. Le sucre apparaît alors sous forme de cristaux !

Au Canada, on utilise la sève de l'érable pour fabriquer du sucre.

Comment récolte-t-on le sel marin ?

Le sel marin se forme dans les marais salants, d'immenses bassins que l'on remplit d'eau de mer chaque année. Sous l'action du soleil et du vent, l'eau s'évapore : il ne reste plus que les cristaux de sel. On ramasse d'abord la fleur de sel, formée par les cristaux les plus petits, puis le gros sel.

Comment fabrique-t-on un esquimau ?

L'intérieur d'un esquimau est constitué de crème liquide (à la vanille) que l'on place dans un moule avec un bâtonnet en bois au milieu. Une fois surgelé, puis démoulé, l'esquimau est trempé dans du chocolat fondu.

Fabrique ton esquimau : enfonce un bâtonnet dans un petit suisse aux fruits et place-le au congélateur une journée.

Comment fait-on le pop-corn ?

Pour faire du pop-corn, on prend des grains de maïs crus et séchés et on les chauffe rapidement dans une casserole avec un peu d'huile. Au bout d'une ou 2 minutes, les grains de maïs explosent et sautent dans tous les sens. Il ne faut donc pas oublier de mettre un couvercle !

Comment peut-on faire de l'huile avec un tournesol ?

L'huile est produite avec les graines du tournesol, riches en graisses. On récolte ces graines, on les décortique pour ne garder que l'amande et on les broie. On obtient une pâte grasse qui est ensuite pressée pour en faire sortir l'huile, puis filtrée.

Comment fait-on la barbe à papa ?

La barbe à papa est faite de sucre, avec parfois des colorants, que l'on fait fondre dans une bassine métallique. Au centre de celle-ci tourne un disque percé de trous minuscules : en passant à travers, le sucre fondu forme de longs filaments que l'on enroule ensuite autour d'un bâtonnet de bois.

Comment l'eau devient gazeuse ?

L'eau peut être naturellement pétillante : pendant son trajet sous terre, elle récupère des minéraux et du dioxyde de carbone, un gaz qui crée les bulles. On peut aussi introduire ce gaz dans une eau « plate » pour créer des bulles.

Souffle dans un bol d'eau avec une paille : le gaz de l'air que tu as introduit dans l'eau crée des bulles.

Pourquoi les glaçons collent aux doigts ?

Les glaçons sont très froids : quand on les touche, nos doigts, qui sont plus chauds, font fondre un petit peu de glace à leur surface. Cette eau rentre sous la peau et gèle immédiatement à cause du froid. Le glaçon se reforme, mais en emprisonnant la peau !

Pourquoi le métal semble plus froid que le bois quand on le touche ?

Le métal n'est pas plus froid que le bois. Mais quand on touche une cuillère, la chaleur de nos doigts se répand dans le métal et disparaît : la cuillère semble froide. Avec un morceau de bois, la sensation est différente : la chaleur n'est pas diffusée et reste à l'endroit que l'on touche.

Comment le savon nettoie ?

Le savon est constitué de minuscules éléments, les molécules. Certaines de ces molécules aiment le gras et vont s'accrocher à la saleté. Elles sont liées à d'autres molécules qui se fixent à l'eau et se glissent entre la peau (ou le tissu) et la saleté. Puis ce mélange s'en va avec le rinçage.

Comment fabrique-t-on du savon ?

Le savon est un mélange de produits chimiques et d'huile. On remue longtemps, puis on ajoute des parfums ou des colorants. On verse la pâte obtenue dans des moules et on laisse les savons durcir.

Les Gaulois fabriquaient du savon avec de la cendre et de la graisse animale.

Comment le savon mousse ?

A. Il contient du chewing-gum.

B. Il contient de la bave d'escargot.

C. Il contient des particules spéciales.

Réponse : C. Quand on se frotte les mains avec de l'eau et du savon, on fait entrer de l'air dans ce mélange. Les minuscules particules qui composent le savon vont alors se serrer les unes contre les autres et créer une enveloppe souple autour de l'air : ce sont les bulles qui forment la mousse.

Comment fabrique-t-on les médicaments ?

Dans les laboratoires, les chercheurs mettent au point des médicaments à partir de plantes ou de produits chimiques. Ils trouvent les éléments qui agissent contre les maladies et les transforment en cachets, en sirop ou en suppositoires. Enfin, on ajoute des produits aux médicaments pour leur donner leur goût et leur couleur.

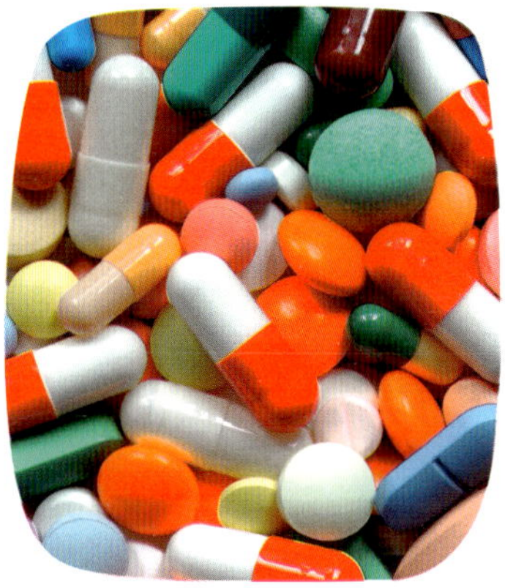

Comment fait-on les lignes sur le dentifrice ?

Le tube de dentifrice contient de la pâte blanche et de la pâte colorée. À l'entrée du tube se trouve un petit tunnel percé de trous.

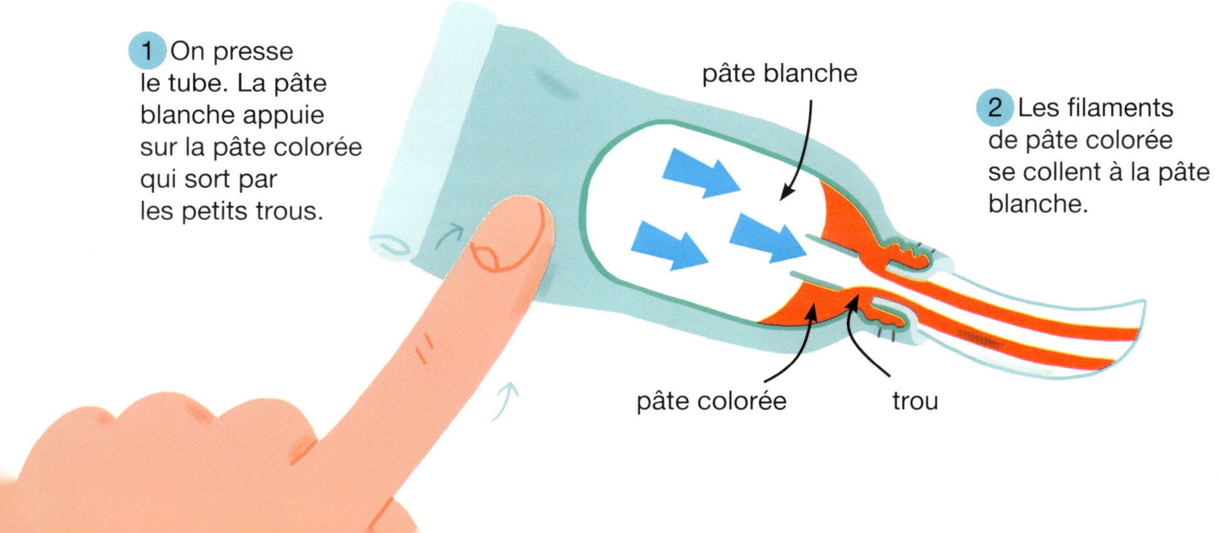

Pourquoi n'a-t-on pas tous la même couleur de peau ?

La couleur de la peau vient de la mélanine, une substance qui colore aussi les cheveux et les yeux. Plus le corps fabrique de mélanine, plus la peau est foncée.

Les peuples des régions chaudes comme l'Afrique produisent beaucoup de mélanine : ainsi, leur peau foncée est mieux protégée du soleil.

Corps humain

Pourquoi les cheveux ont des couleurs différentes ?

C'est la mélanine, une substance présente dans la peau et les cheveux, qui donne leur couleur aux cheveux. S'il y en a beaucoup, les cheveux seront bruns. S'il y en a moins, ils seront blonds ! La couleur des cheveux se transmet généralement de parents à enfants, comme la couleur des yeux.

Pourquoi les filles et les garçons n'ont pas le même zizi ?

Les garçons et les filles ont des zizis différents pour leur permettre d'avoir des bébés quand ils seront adultes. Chez les filles, le zizi est presque entièrement situé à l'intérieur du corps, tandis que chez les garçons, il prend la forme d'un petit tuyau !

Pourquoi les hommes ont de la barbe et pas les femmes ?

Les femmes et les hommes ont autant de poils, mais, à partir de l'adolescence, les hommes produisent une substance qui rend les poils plus durs et plus épais. Les femmes fabriquent aussi cette substance, mais en toute petite quantité. Les hommes ont donc de la barbe, et les femmes un duvet qui ne se voit pas.

Pourquoi certaines personnes ont des taches de rousseur ?

Chez les personnes qui ont le teint clair, en particulier les blonds ou les roux, la mélanine (une substance qui colore et protège la peau) se groupe en petits paquets sous la peau : ce sont les taches de rousseur.

En vieillissant, les taches de rousseur ont tendance à disparaître.

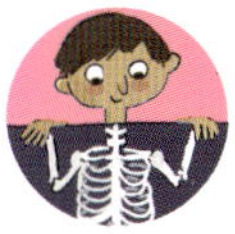

Comment un bébé sort du ventre de sa mère ?

Au bout de 9 mois, quand le bébé est prêt à sortir du ventre, le sexe de la mère s'agrandit pour le laisser passer. En général, c'est la tête qui sort en premier, mais parfois, ce sont les fesses !

Comment les bébés respirent dans le ventre de leur mère ?

Dans le ventre de leur mère, les bébés vivent dans une poche d'eau : le liquide amniotique. Ils ne respirent pas avec leurs poumons, mais sont reliés à leur mère par un tuyau : le cordon ombilical. C'est par là que le sang de la mère apporte de l'oxygène au bébé.

Pourquoi le bébé est dans de l'eau dans le ventre de sa mère ?

A. Pour apprendre à nager.

B. Pour être protégé.

C. Pour s'habituer à être mouillé quand il pleut.

Réponse : B. L'eau (appelée « liquide amniotique ») dans laquelle baigne le bébé pendant 9 mois le protège contre les chocs et adoucit les mouvements de sa mère. Elle lui permet aussi de bouger facilement et le protège des microbes.

Comment fait-on les bébés ?

Quand un homme et une femme veulent un enfant, ils font l'amour. Le sexe de l'homme entre alors dans celui de la femme. Il y dépose des petites graines : des spermatozoïdes. Si l'un d'eux rencontre une graine de la femme (un ovule), cela créé un œuf. Durant 9 mois, cet œuf va se développer pour devenir un bébé !

Comment peut-on être jumeaux ?

Les jumeaux sont des enfants qui grandissent ensemble dans le ventre de leur mère. Puis ils naissent à quelques minutes d'intervalle. Seuls les « vrais jumeaux » se ressemblent énormément et sont toujours du même sexe, car ils proviennent d'un œuf qui s'est divisé en 2.

Pourquoi les vrais jumeaux se ressemblent ?

Une femme enceinte porte dans son ventre un œuf qui, petit à petit, va se transformer en bébé. Parfois, dès le début, cet œuf se divise en 2 parties qui vont chacune devenir un bébé. Comme ces bébés proviennent du même œuf, ils vont beaucoup se ressembler et être du même sexe : ce sont les vrais jumeaux.

Pourquoi les bébés pleurent souvent ?

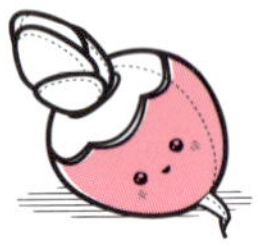

Les bébés ne savent pas encore parler. Alors, pour dire à leurs parents qu'ils ont faim, que leur couche est sale ou qu'ils ont envie d'un câlin, ils n'ont pas d'autre choix que de pleurer !

Pourquoi les bébés n'ont pas de dents ?

Lorsque les bébés naissent, leurs dents n'ont pas encore eu le temps de pousser. Elles vont se former peu à peu dans la gencive, puis sortir, les unes après les autres, à partir de l'âge de 6 mois. Mais il y a parfois des exceptions : le roi Louis XIV serait né avec 2 dents !

Pourquoi les bébés ne boivent que du lait ?

Dès la naissance, la mère nourrit son bébé avec le lait qu'elle produit : on dit qu'elle l'allaite. Seul cet aliment lui apporte l'énergie et la nourriture nécessaires pour le faire grandir et protéger son organisme.

Les mères qui n'allaitent pas leur bébé lui donnent un lait en poudre très proche du lait maternel.

Pourquoi certains bébés n'ont pas de cheveux ?

Certains bébés naissent avec beaucoup de cheveux, d'autres naissent sans aucun cheveux ! Et comme ces derniers poussent très lentement, les bébés de moins de un an sont souvent chauves.

Les bébés souris viennent au monde sans aucun poil ! Ils poussent quelques jours après leur naissance.

Pourquoi a-t-on des sourcils ?

A. Pour avoir l'air plus intelligent.

B. Pour protéger nos yeux.

C. Pour faire joli.

Réponse : B. Les sourcils protègent les yeux : par exemple, ils empêchent la pluie et la transpiration de glisser dedans. On les utilise également pour exprimer des émotions : quand on les fronce, c'est qu'on n'est pas content !

Comment est fait notre corps ?

Le corps humain est composé d'eau (plus de la moitié !) et de matière solide. 206 os articulés constituent la charpente du corps, et environ 600 muscles recouvrent ce squelette pour lui permettre de bouger. Les organes, comme le cœur, le cerveau, la peau ou les poumons, assurent le bon fonctionnement du corps.

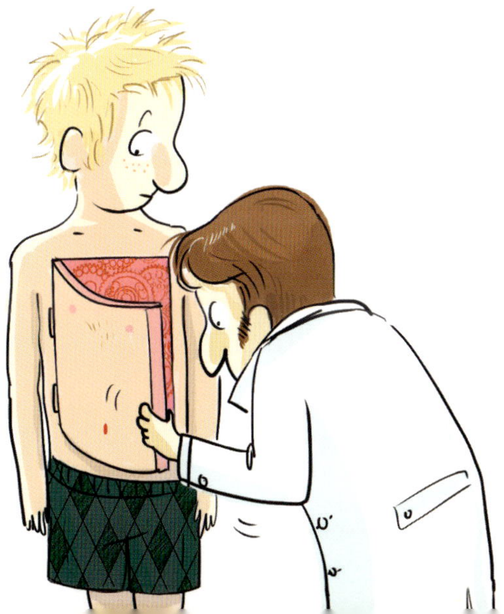

Pourquoi crache-t-on de la « fumée » en hiver ?

Quand il fait froid, la différence de température entre l'intérieur du corps et l'air extérieur fait apparaître les gouttes d'eau contenues dans l'air qu'on rejette : c'est ce phénomène qui ressemble à de la « fumée » !

En hiver, souffle sur une fenêtre froide : tu verras apparaître de minuscules gouttelettes d'eau !

Pourquoi fait-on caca ?

Parce que nous n'utilisons qu'une partie de la nourriture que l'on mange. Elle est triée dans un très long tuyau : l'intestin. Ce qui est utile rejoint le sang pour nourrir le corps, le reste continue son chemin et se transforme en caca.

Les poissons font aussi des crottes dans leur aquarium, mais on ne les voit pas !

Pourquoi le caca sent mauvais ?

Le caca contient les restes de ce que l'on a mangé, ainsi que de la bile (un liquide produit par le foie pour faciliter la digestion) et de nombreuses bactéries qui transforment la nourriture que nous avalons. Ce sont elles qui créent les mauvaises odeurs !

Pourquoi le pipi est jaune ?

Quand les globules rouges du sang sont usés, ils passent dans les reins (qui nettoient le sang), puis sont éliminés par le pipi. Lors de ce passage, les globules se décolorent en jaune.

Parfois l'urine peut changer de couleur : si tu manges des betteraves rouges, ton pipi sera rose !

Pourquoi ferme-t-on les yeux quand on dort ?

Quand on dort, tout le corps est au repos : le cerveau marche au ralenti et les muscles se relâchent. Le muscle de la paupière, lui aussi, se détend et la paupière s'abaisse : l'œil se ferme naturellement, empêchant ainsi la lumière et les poussières d'y entrer.

Pourquoi a-t-on des crottes de nez ?

À l'intérieur de notre nez, un liquide, le mucus, coule en permanence. Il filtre l'air que nous respirons en retenant toutes les petites saletés (microbes, mais aussi poussières, pollens…). Lorsque ces saletés sont trop nombreuses, le mucus s'épaissit, sèche et finit par former… des crottes de nez !

Pourquoi a-t-on 2 oreilles ?

Placées de chaque côté de la tête, les 2 oreilles permettent de capter tous les bruits qui nous entourent, et de savoir exactement d'où ils viennent : de droite, de gauche, mais aussi de devant ou de derrière.

Dans la cour de récréation, bouche-toi une oreille : tu verras que tu auras plus de mal à trouver d'où viennent les sons.

Pourquoi nos yeux ne tombent pas quand on se penche ?

A. Ils sont collés à notre crâne.

B. Ils sont retenus par les paupières.

C. Ils sont attachés par des muscles.

Réponse : C. Même si on peut les bouger de bas en haut et de droite à gauche, les yeux ne tombent pas car ils sont attachés par des muscles.

Comment attrape-t-on des poux ?

Non, les poux ne sautent pas de tête en tête en voltigeant dans l'air ! Ils passent tranquillement d'un cheveu à l'autre quand les têtes se touchent. On peut les attraper à la piscine (ils nagent !) et peut-être quand on utilise le peigne ou le bonnet d'une personne qui en a déjà.

Les animaux ne peuvent pas transmettre les poux.

Pourquoi a-t-on des cheveux ?

À l'époque préhistorique, le corps des hommes et des femmes était recouvert de poils très épais qui les protégeaient du froid. Peu à peu, ces poils sont devenus plus fins. Seuls les cheveux sont restés épais pour protéger notre tête du soleil et la tenir bien au chaud !

Pourquoi les dents de lait tombent ?

A. Les dents définitives les poussent.

B. Parce qu'on a mangé trop de bonbons !

C. C'est à cause de la petite souris.

Réponse : A. En poussant, les dents définitives usent les racines des dents de lait. Quand elles n'ont plus rien pour les retenir à la gencive, elles tombent.

Comment fonctionne l'œil ?

L'œil reçoit des rayons lumineux qui forment sur la rétine une image inversée. La rétine transforme l'image en message nerveux qu'elle envoie au cerveau par l'intermédiaire du nerf optique. Le cerveau l'interprète comme une image et remet celle-ci à l'endroit.

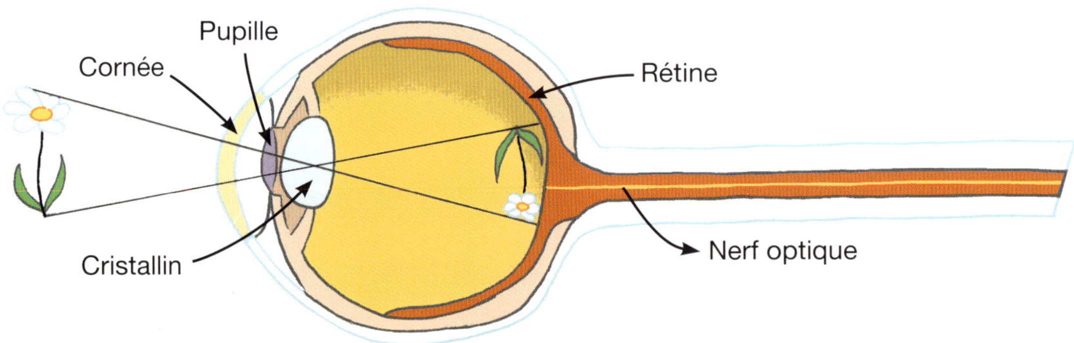

Comment poussent les cheveux ?

A. Ils poussent tout seuls.

B. Il faut manger beaucoup de bananes.

C. Il faut tirer dessus chaque matin pour les allonger.

Réponse : A. Les cheveux poussent d'environ 1 cm par mois, soit 12 cm par an. Chaque cheveu a une durée de vie comprise entre 2 et 7 ans, puis il tombe. Un nouveau cheveu repousse alors à sa place.

Pourquoi certaines personnes n'ont plus de cheveux ?

Généralement, quand un cheveu tombe, il est remplacé par un autre. Mais il arrive parfois, surtout chez les hommes, que les cheveux tombent de plus en plus… et finissent par ne plus repousser du tout !

On dit que les personnes qui n'ont plus du tout de cheveux sont « chauves ».

Pourquoi le nez rougit quand il fait froid ?

Quand il fait froid, les extrémités du corps (comme les doigts, les oreilles ou le nez) sont plus vite agressées par la différence de température qu'il y a entre l'intérieur du corps et l'extérieur. Résultat, la peau s'irrite et le bout de notre nez devient tout rouge !

Pourquoi a-t-on 5 doigts ?

Les doigts de nos mains sont bien utiles pour saisir des objets et s'en servir. Mais personne ne sait pourquoi nous en avons 5 et pas 4 ou 6 : c'est simplement parce que l'homme s'est développé de cette façon !

Les personnages de bandes dessinées n'ont souvent que 4 doigts : c'est plus facile et plus joli à dessiner !

Comment fait le médecin pour écouter notre cœur ?

Pour écouter le cœur mais aussi les poumons, le médecin utilise un stéthoscope. C'est un appareil qui permet d'amplifier les sons intérieurs du corps.

Comment le cerveau retient des choses ?

Le cerveau contient des cellules, les neurones, spécialisées dans des tâches différentes : repérer les couleurs, les formes… Les neurones captent ces informations et les transmettent à d'autres neurones, qui les mémorisent. C'est ainsi que l'on retient ce que l'on a vu, lu et entendu dans la journée.

Comment sent-on les odeurs ?

Grâce au nez et au cerveau ! Quand on respire, l'air passe dans les narines : il atteint les cils olfactifs (sortes de poils) qui captent les odeurs, que les nerfs transforment en signaux. Ceux-ci sont envoyés au cerveau qui les analyse et reconnaît l'odeur.

L'homme peut reconnaître plusieurs milliers d'odeurs différentes !

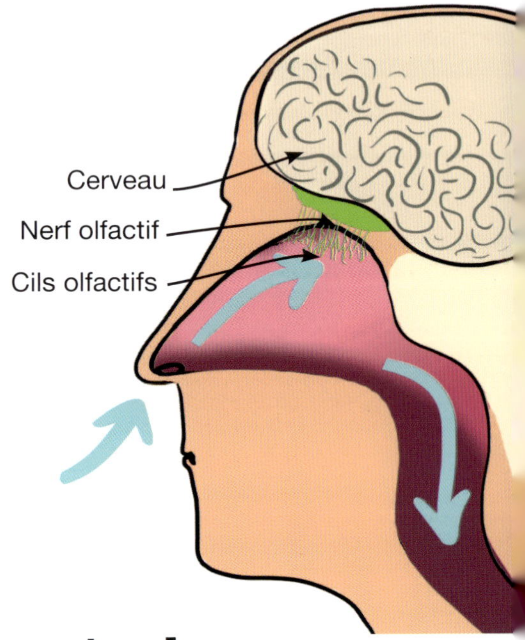

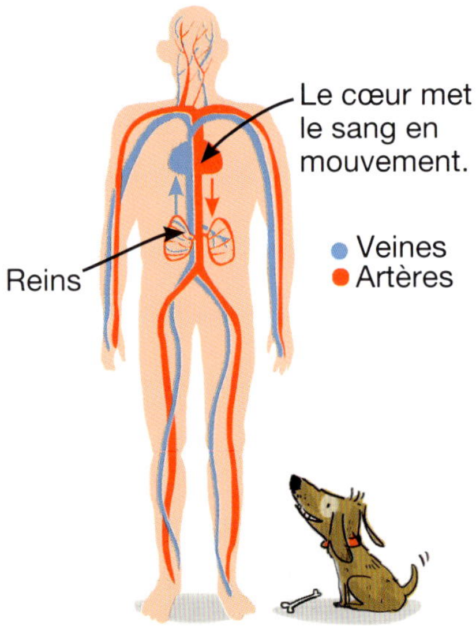

Comment le sang circule dans le corps ?

Le sang circule grâce au cœur (qui le met en mouvement) et aux vaisseaux sanguins. Les vaisseaux qui partent du cœur et expulsent le sang riche en oxygène vers le reste du corps sont les artères. Ceux qui partent des organes et des muscles et mènent au cœur le sang chargé de gaz carbonique sont les veines.

Comment est fabriqué le sang ?

A. On le produit en buvant du sang.

B. Il est fabriqué par la moelle osseuse.

C. Il sort directement des poumons.

Réponse : B. Chaque jour, la moelle rouge, la matière située au centre de certains os, produit les 350 milliards de cellules qui composent le sang et circulent dans les vaisseaux sanguins.

Comment peut-on voir à l'intérieur du corps ?

A. En l'ouvrant avec un ouvre-boîtes !

B. En faisant une radio.

C. En regardant par la bouche.

Réponse : B. Pour voir l'intérieur du corps, on fait une sorte de photo avec un appareil qui envoie des rayons appelés « X » : c'est une radio. Les rayons X traversent le corps ; plus la partie du corps est dure, comme les os, mieux on la voit.

Pourquoi est-on droitier ou gaucher ?

Tout vient du cerveau, qui est divisé en 2 parties. Les scientifiques pensent que quand on est gaucher, la partie droite du cerveau travaille plus que la gauche. Quand on est droitier, ce serait la partie gauche qui travaillerait le plus.

Dans le monde, la plupart des gens sont droitiers (90 % de la population).

Comment le cerveau peut commander tout le corps ?

Le cerveau est le centre qui commande nos gestes et nos émotions. Chaque zone du cerveau est responsable d'une action.

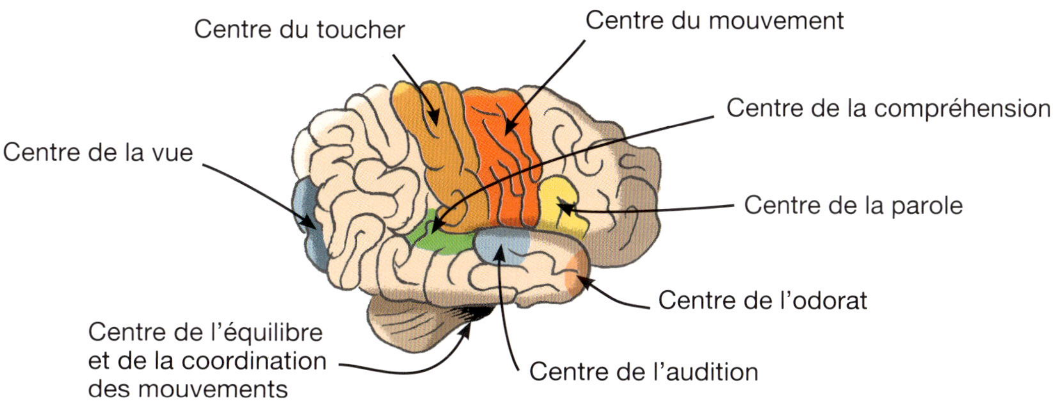

Comment la coupure de mon doigt va se refermer ?

Quand on se coupe le doigt, on saigne car on a abîmé des petits vaisseaux sanguins. Une croûte se forme pour protéger la blessure. Sous cette croûte, le sang apporte les éléments nécessaires pour que les vaisseaux sanguins se réparent et que la peau se reforme entre les 2 bords de la coupure.

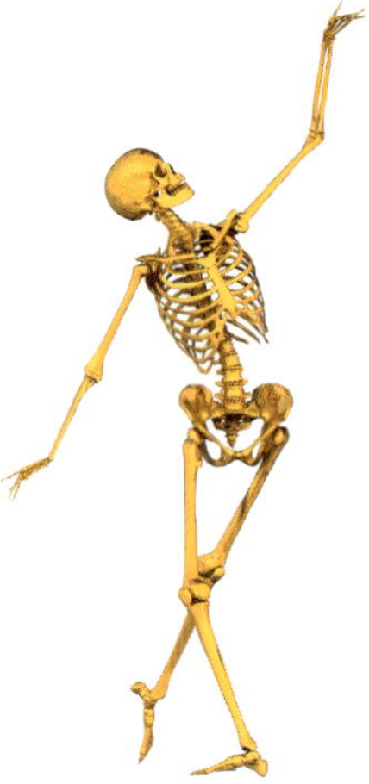

Comment nos os grandissent ?

Les os sont des organes vivants comme les muscles ou la peau, et ils grandissent ! Ceux des enfants contiennent beaucoup de « cartilage de croissance » : c'est une matière souple qui est située à chaque extrémité de l'os. Ce cartilage s'allonge au fil des ans, puis durcit et finit par se transformer en os !

Pourquoi le sang est rouge ?

Quand on respire, on avale de l'oxygène. Et quand l'oxygène passe dans le sang, il est attrapé par des petites cellules qui contiennent du fer. Quand ces dernières entrent en contact avec l'oxygène de l'air, elles se colorent en rouge, donnant ainsi sa couleur au sang.

Comment répare-t-on un os cassé ?

A. On le colle avec de la colle forte.

B. On l'immobilise dans un plâtre.

C. On boit 3 bols de lait par jour.

Réponse : B. Quand un os est cassé, on l'immobilise dans un plâtre ou avec une attelle. L'os va se réparer en produisant de nouvelles cellules osseuses qui vont lui permettre de se « recoller » naturellement au bout de 6 semaines… à 5 mois !

Pourquoi a-t-on des os ?

Le squelette d'un adulte est composé de 206 os qui lui permettent de tenir debout ! C'est lui également qui porte les muscles et protège les organes. De nombreux animaux comme les escargots, les vers ou les méduses n'ont pas de squelette : ils ne peuvent donc pas se redresser et rampent sur le sol.

Pourquoi grandit-on ?

Le corps grandit pendant les 20 premières années de la vie. Tous les organes, les muscles, les os, la peau et même le cerveau se développent doucement pour atteindre leur taille adulte et former un homme ou une femme prêt à devenir parent.

Pourquoi les veines sont bleues ?

En réalité, les veines sont rouges, car le sang qui circule dans ces petits tuyaux est rouge foncé. Cette impression de bleu est due au fait que l'on voit les veines à travers notre peau. Quand elle est claire, la peau « absorbe » le rouge et les veines prennent une couleur bleue légèrement violette.

Pourquoi arrête-t-on de grandir quand on est adulte ?

On grandit grâce à une hormone, une substance fabriquée par le corps, qui « commande » la croissance des os. Vers l'âge de 16 ans chez les filles et 20 ans chez les garçons, le corps arrête de produire cette hormone, alors on arrête de grandir !

Pourquoi a-t-on un nombril ?

Dans le ventre de sa mère, le bébé se nourrit et respire grâce à une sorte de tube qui le relie à elle : le cordon ombilical. À la naissance, on coupe ce cordon : il reste alors une petite cicatrice, le nombril.

Tous les mammifères ont un nombril sauf l'ornithorynque : sa femelle pond des œufs !

Pourquoi fait-on des pets ?

A. Parce qu'on digère.

B. Pour gagner un concours de bruits.

C. Car on a mal au nez.

Réponse : A. Pendant la digestion, on produit des gaz qu'il faut évacuer. Certains sortent par la bouche (rots) et d'autres par les fesses (pets). Les pets ne sentent pas très bons, surtout quand on a mangé certains aliments comme de la viande ou des œufs.

Pourquoi transpire-t-on quand on a chaud ?

Habituellement, notre corps est à 37 °C. C'est la température idéale pour que tout fonctionne correctement. Mais lorsqu'il fait trop chaud, ou quand on a de la fièvre, la température augmente. Alors, pour se rafraîchir, le corps rejette de toutes petites gouttes d'eau par la peau : c'est la transpiration.

Pourquoi a-t-on des poils ?

A. Pour faire joli !

B. Pour avoir chaud.

C. Parce que c'est plus pratique que les plumes.

Réponse : B. Les poils des premiers hommes étaient beaucoup plus longs et plus épais que les nôtres : ils les protégeaient du froid. Au fil des siècles, nos poils sont devenus de plus en plus fins, si bien qu'ils ne nous tiennent plus du tout chaud.

Pourquoi doit-on boire ?

Le corps humain est essentiellement composé d'eau (environ 65 %), mais chaque jour, il en perd un petit peu (avec le pipi ou la transpiration). En buvant, on redonne au corps toute l'eau qu'il a perdue et on lui permet de fonctionner correctement.

Pourquoi a-t-on mal quand on se blesse ?

Quand on se blesse, un message est immédiatement envoyé au cerveau. Celui-ci provoque une douleur violente pour nous alerter. Par exemple, quand on se coupe le doigt, c'est la douleur qui nous fait aussitôt éloigner le couteau. Si on ne ressentait pas la douleur, on continuerait à couper, comme si de rien n'était !

Pourquoi a-t-on une bosse quand on se cogne ?

Quand on se cogne la tête, les petits vaisseaux (les « tuyaux » dans lesquels le sang circule) qui sont sous la peau se rompent et laissent échapper un peu de sang : une bosse apparaît.

Pour empêcher une bosse de trop gonfler, mets des glaçons dessus : le froid arrête le saignement.

Pourquoi l'estomac gargouille quand on a faim ?

Quand on a faim, l'estomac s'agite pour nous rappeler qu'il est temps de le remplir… et il gargouille ! Et comme l'estomac est vide, ces bruits résonnent et sont très sonores.

L'estomac et les intestins s'agitent tout le temps. Mets ton oreille sur le ventre d'un copain : ça gargouille !

Pourquoi a-t-on faim ?

A. Parce que le corps manque de sucre.

B. Parce qu'on a les dents qui poussent.

C. Parce qu'on regarde trop la télé.

Réponse : A. Quand on manque de sucre, le cerveau envoie un signal (la faim) pour que l'on aille manger. Mais il y a d'autres raisons encore : on peut avoir faim juste parce qu'on sent une bonne odeur ou que c'est l'heure de manger.

Comment les ongles poussent ?

Les ongles (comme les cheveux) poussent en permanence ! Leur croissance est assez lente : 3 mm par mois en moyenne. Chaque ongle possède une racine cachée sous la peau : c'est là que se forment les nouvelles cellules. C'est donc l'intérieur de l'ongle qui pousse, et non son extrémité !

Comment vient le hoquet ?

Quand on mange vite ou que l'on rit beaucoup, on a parfois le hoquet.
Le muscle situé entre l'estomac et les poumons se contracte. En passant dans la gorge, la grande quantité d'air fait alors vibrer les cordes vocales et provoque le bruit du hoquet.

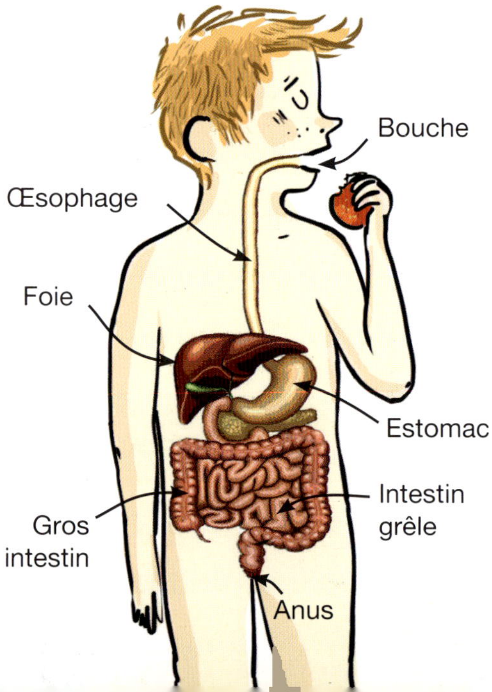

Comment les aliments se transforment dans notre corps ?

Dans la bouche, les aliments sont broyés.
Ils descendent par l'œsophage jusqu'à l'estomac où ils sont transformés en bouillie. La digestion se poursuit dans l'intestin grêle où les nutriments passent dans le sang. Les déchets passent dans le gros intestin et sont évacués par l'anus quand tu fais caca.

Pourquoi a-t-on froid quand on sort de l'eau ?

Quand on sort de l'eau, notre corps est couvert de nombreuses gouttes : au contact de l'air, celles-ci s'évaporent et, si on ne se sèche pas, elles refroidissent tout le corps.

Quand tu as chaud, tu transpires, car la sueur, avec ses gouttelettes d'eau, permet de rafraîchir ton corps.

Pourquoi est-on essoufflé quand on a couru ?

Quand on court, les muscles travaillent plus que quand on marche par exemple : ils ont donc besoin de plus d'oxygène. On respire alors plus vite pour avoir plus d'air et donner aux muscles ce dont ils ont besoin. On se fatigue et, surtout, on est vite essoufflé !

Pourquoi bâille-t-on ?

A. Parce qu'on s'ennuie.

B. Parce qu'on est fatigué.

C. Parce qu'on a faim.

Réponse : les 3. Quand on bâille, on inspire une grande quantité d'oxygène que l'on envoie au cerveau. En retour, il nous redonne de l'énergie pour quelques instants !

Pourquoi est-on parfois malade en voiture ?

Quand on voyage, notre cerveau est un peu perdu entre ce que nos yeux lui montrent (« on bouge ! ») et ce que notre corps lui dit (« mais non, on ne bouge pas ! »). Résultat : notre cerveau réagit mal et on ne se sent pas bien.

Pour ne pas être malade, découvre-toi et regarde le paysage loin devant toi.

Pourquoi a-t-on les doigts fripés quand on sort du bain ?

On pense que quand on reste longtemps dans l'eau, les petits vaisseaux sanguins qui sont sous notre peau rétrécissent. En diminuant, les vaisseaux « tirent » sur la peau, faisant ainsi plisser le bout de nos doigts.

Comment vient un point de côté ?

C'est souvent quand on fait un effort physique que survient cette douleur dans le ventre. On pense que le muscle situé entre les poumons et l'estomac se contracte trop. Résultat : une crampe se forme, c'est le point de côté !

Comment la peau bronze ?

Grâce au soleil ! Ses rayons agissent sur la peau : la mélanine (un pigment qui colore la peau et les cheveux) augmente pour protéger le corps de la brûlure du soleil. Résultat : la peau se colore et bronze. Mais cette réaction de défense n'est pas immédiate et si on ne se protège pas, on risque les coups de soleil !

Comment se réveille-t-on le matin ?

Notre corps suit naturellement le cycle des jours et des nuits. Le cerveau contient des neurones (cellules) qui contrôlent notre activité. Quand la lumière du jour arrive, ils envoient un signal pour que le cerveau produise une substance qui nous réveille.

Pourquoi attrape-t-on des coups de soleil ?

Les rayons du Soleil sont très puissants. Si on s'expose longtemps sans se protéger avec de la crème ou des vêtements, ces rayons brûlent la peau : c'est le coup de soleil !

Les animaux aussi peuvent prendre des coups de soleil sur les parties de leur corps les plus fragiles, comme le nez ou la pointe des oreilles !

Comment reconnaît-on le goût des aliments ?

Grâce à nos 3 000 papilles gustatives, de minuscules bosses qui recouvrent le dessus de la langue ! Celles-ci sont composées de cellules qui captent les saveurs et transmettent ces informations au cerveau, qui mémorise puis reconnaît les goûts.

L'odorat aussi aide à reconnaître le goût des aliments.

Pourquoi n'a-t-on pas faim quand on est malade ?

Quand on est malade, notre corps utilise toute son énergie pour combattre les microbes. Il va aussi éviter de faire d'autres efforts. Et comme la digestion demande de l'énergie pour transformer les aliments, notre cerveau envoie un message à notre estomac : « Je n'ai pas faim ! »

Comment apparaissent les ampoules aux pieds ?

A. Quand la peau frotte longtemps contre la chaussure.

B. Quand on mange du gruyère.

C. Quand on fait des cauchemars.

Réponse : A. Les ampoules se développent quand il y a un frottement long et répété sur la peau. Celui-ci crée une brûlure : à ce moment, une sorte de petite bulle remplie de liquide (une cloque) se forme pour protéger la peau : c'est l'ampoule !

Pourquoi sent-on parfois mauvais des pieds ?

Naturellement, la transpiration ne sent rien, car elle est composée d'eau et de sel. Mais dès qu'elle reste prisonnière des chaussettes ou des chaussures, des microbes se développent très vite, surtout entre les orteils ! Ce sont eux qui dégagent des gaz qui sentent mauvais !

Pourquoi les gens âgés ont des rides ?

Quand on vieillit, la peau vieillit aussi ! Elle devient plus sèche et moins élastique. Des petites fentes se creusent sur le visage : ce sont les rides.

Laisse sécher une pomme quelques jours : tu la retrouveras « fripée » comme la peau des personnes âgées, car l'eau se sera évaporée !

Pourquoi les personnes âgées marchent parfois avec une canne ?

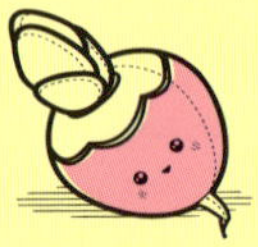

A. Pour être moins fatiguées.

B. Pour se défendre en cas d'attaque.

C. Pour faire chic !

Réponse : A. Les personnes âgées ont souvent des difficultés pour marcher. Elles utilisent une canne pour se reposer ou pour garder leur équilibre et éviter les chutes.

Pourquoi les gens âgés ont des cheveux blancs ?

En vieillissant, le corps fabrique de moins en moins de mélanine, la substance qui colore naturellement les cheveux. Alors, peu à peu, les cheveux perdent leur couleur et deviennent tout blancs.

Comment attrape-t-on des maladies ?

Les microbes sont partout autour de nous : sur les stylos, dans l'air et même sur nos mains ! Ils entrent dans notre corps par la bouche, le nez ou les blessures, et nous rendent parfois malades.

Certains microbes vivent dans notre corps en permanence (sur la peau, dans les intestins) mais ils ne nous transmettent aucune maladie !

Pourquoi a-t-on le nez qui coule ?

Le nez sert à filtrer l'air que l'on respire. Pour empêcher les poussières et les microbes de passer dans nos poumons, les narines produisent un liquide pour les chasser. Mais parfois, quand on est enrhumé ou qu'il fait froid, le nez en fabrique trop et… il coule !

Pourquoi saigne-t-on du nez ?

Dans le nez, de minuscules tuyaux, les veines, transportent le sang. Ces veines sont très nombreuses et plutôt fragiles : quand on reçoit un coup, que l'on se mouche trop fort ou qu'il fait très chaud, l'une d'elles peut se percer et laisser le sang s'échapper.

Les chiens aussi peuvent saigner du nez.

Comment viennent les caries ?

Les dents peuvent être attaquées par des bactéries qui transforment les sucres contenus dans les aliments en acides. Cela forme des petits trous : les caries !

Prends un morceau de craie et verse quelques gouttes de citron dessus : un trou va rapidement se former !

Pourquoi éternue-t-on ?

A. Pour ne plus avoir mal aux pieds.

B. Pour faire du bruit.

C. Pour chasser des petites saletés.

Réponse : C. Notre corps se débarrasse des petites saletés entrées dans notre nez en éternuant. Cette action est impossible à contrôler et l'air projeté par le nez lors de l'éternuement peut parfois atteindre la vitesse de 200 km/h !

Pourquoi vomit-on ?

Si on mange de la nourriture qui n'est pas bonne ou si on est simplement malade, notre cerveau reçoit un signal qui lui indique que le corps doit se débarrasser de la nourriture. Il envoie alors un message à l'estomac : on vomit !

Les rois avaient des goûteurs : quand ils vomissaient, c'est que la nourriture était empoisonnée !

Pourquoi tousse-t-on ?

On tousse quand de petites saletés, comme de la poussière, sont coincées au niveau de la gorge, nous grattent et nous empêchent de bien respirer. Alors, pour chasser ce qui gêne, on envoie de l'air depuis les poumons.

Pourquoi a-t-on de la fièvre quand on est malade ?

Quand un microbe pénètre dans le corps, celui-ci réagit ! Il fabrique des défenses, ce qui produit un peu de chaleur. Il augmente aussi sa température, car la chaleur affaiblit les microbes : c'est la fièvre.

Pourquoi n'a-t-on la varicelle qu'une fois ?

Notre corps est protégé des microbes par une armée de soldats qui circulent dans notre sang : les globules blancs. Quand ils se sont déjà battus contre certaines maladies, comme la varicelle, ils les reconnaissent et les empêchent d'agir une deuxième fois en les attaquant dès leur réapparition.

Pourquoi doit-on parfois porter des lunettes ?

Tout le monde n'a pas la même vue ! La forme de l'œil de certaines personnes ne leur permet pas de bien percevoir les objets. On corrige ces défauts de la vision en portant des lunettes ou des lentilles de contact.

Comment les lunettes aident à mieux voir ?

La vue est parfois moins bonne quand le cristallin (partie transparente de l'œil en forme de lentille) est trop bombé ou trop aplati. Les lunettes aident l'œil à corriger ce défaut. Les verres sont taillés comme une loupe, en forme plus ou moins courbée.

Comment se forme un bleu ?

Quand on se cogne, des petits vaisseaux sanguins éclatent et laissent échapper un peu de sang sous la peau : c'est le bleu. Malgré son nom, le bleu passe par toutes les couleurs : la peau est d'abord rouge, peu à peu elle vire au violet, puis au noir et enfin au jaune avant que le bleu disparaisse !

Pourquoi les blessures démangent en cicatrisant ?

Quand on s'écorche ou qu'on se coupe, du sang s'échappe de la blessure. Il sèche et une croûte se forme : dessous, des petites cellules travaillent pour créer une nouvelle peau. Ce sont elles qui nous donnent cette sensation de démangeaison, signe d'une bonne cicatrisation.

Comment fonctionne un vaccin ?

Le vaccin est un produit semblable au microbe, mais pas dangereux. Quand on nous vaccine, notre corps croit être attaqué, et les globules blancs du sang nous défendent. Ces globules reconnaissent les maladies qu'ils ont déjà combattues : si un jour le microbe attaque l'organisme, ils l'empêcheront d'agir.

Pourquoi faut-il se faire vacciner ?

A. Pour se défendre contre certaines maladies.

B. Pour s'habituer aux piqûres.

C. Pour faire plaisir au médecin.

Réponse : A. Un vaccin transmet une dose très faible d'une maladie pour habituer le corps à se battre contre un microbe ou un virus. Si un jour il est attaqué par cette maladie, le corps la reconnaîtra et se défendra plus facilement.

Pourquoi a-t-on la chair de poule quand il fait froid ?

Quand il fait froid, notre corps réagit en dressant nos poils pour retenir une couche d'air chaud autour de notre corps. Mais, contrairement à nos ancêtres préhistoriques, nous n'avons plus assez de poils pour que ce soit efficace. Alors mieux vaut porter un manteau !

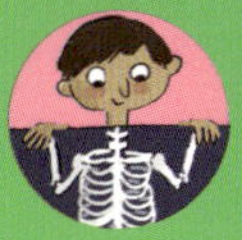

Pourquoi a-t-on des fourmis dans les jambes ?

Quand on reste longtemps sans bouger, assis, dans une position inconfortable, les veines des jambes sont écrasées. Le sang passe moins bien et des petits picotements se font sentir : ce sont les fameuses « fourmis », qui rappellent au corps qu'il faut remuer !

Pourquoi rit-on quand on nous chatouille ?

A. Parce que ça fait guili-guili !

B. C'est un ordre du cerveau.

C. Parce que ça fait mal.

Réponse B : Quand on nous chatouille, la peau, excitée, envoie un message au cerveau qui nous ordonne de rire ! La plupart des scientifiques pensent que si on ne rit pas quand on se chatouille soi-même, c'est parce que le cerveau n'est pas surpris.

Pourquoi ne peut-on pas voler ?

Le corps de l'homme n'est pas du tout adapté au vol. Les oiseaux arrivent à s'envoler, car leurs os sont creux et beaucoup plus légers que les nôtres. Et ils ont surtout des ailes qui leur permettent de flotter dans le ciel.

La chauve-souris est le seul mammifère capable de voler.

Pourquoi ne peut-on pas voir les microbes ?

Les microbes sont des êtres vivants extrêmement petits. Souvent ils ne sont composés que d'une seule cellule, alors que les animaux ou les hommes sont faits de milliards de cellules. Sans un microscope très puissant, impossible de les voir à l'œil nu !

Pourquoi les médicaments ont souvent mauvais goût ?

Les médicaments sont fabriqués avec des produits chimiques qui ont souvent un goût amer (comme le pamplemousse) ou acide (comme le citron). Parfois, on arrive à cacher ce mauvais goût en ajoutant du sucre ou des parfums de fruits. Cela permet aux enfants de les avaler plus facilement !

Comment s'endort-on ?

A. En retenant sa respiration.

B. Au signal du cerveau.

C. En récitant l'alphabet.

Réponse : B. Le soir, quand la lumière est faible, les cellules de la rétine (organe de la vision) envoient un message aux cellules du cerveau. Celui-ci sécrète une substance qui fait bâiller : c'est le signe qu'il faut aller se coucher. Puis, la respiration ralentit, la température du corps baisse : on s'endort !

Pourquoi certains adultes ronflent ?

Certaines personnes ronflent, car l'air passe mal dans leur gorge ou dans leur nez. Cela arrive, par exemple, quand on est enrhumé ou quand on dort sur le dos. L'air fait alors vibrer le fond de la gorge, plus ou moins bruyamment ! Chez certaines personnes, le ronflement peut être aussi fort que le bruit d'une voiture !

Comment viennent les rêves ?

Nos yeux sont comme une caméra qui enregistre tout ce que nous voyons dans la journée. Pendant notre sommeil, le cerveau fait défiler ces images qui forment des petits films. Et même si nous ne nous en souvenons pas toujours au réveil, nous rêvons toutes les nuits !

Comment se forment les larmes ?

Les larmes mouillent l'œil en permanence : elles le protègent contre les poussières et le nourrissent. Ce sont les glandes lacrymales (situées au-dessus de l'œil, sous la paupière) qui les fabriquent : elles produisent un liquide composé d'eau et de sels minéraux.

Pourquoi ne se rappelle-t-on pas toujours ses rêves le matin ?

Toute la nuit, on fait des rêves et des cauchemars. Mais on se souvient principalement de ceux que l'on a faits juste avant le réveil, surtout si on a été interrompu en pleine action ! Car les rêves sont vite oubliés : notre cerveau les efface au bout de 10 minutes !

Pourquoi les larmes ont un goût salé ?

Les larmes, comme la transpiration, sont composées d'eau et de sels minéraux présents dans le corps. Ce sont ces sels minéraux qui donnent leur goût aux larmes.

Mélange une pincée de sel dans un grand verre d'eau et goûte : tu sentiras que ce mélange a la même saveur que tes larmes !

Pourquoi pleure-t-on quand on est triste ?

Quand on est triste ou que l'on ressent une forte émotion, les larmes coulent sans que l'on puisse les contrôler. C'est un signal d'alerte commandé par le cerveau pour montrer que quelque chose ne va pas ! En pleurant, on produit aussi une substance chimique qui permet de se calmer.

Pourquoi je me pose des questions ?

Es-tu curieux ?
Aimes-tu te poser des questions ?

On s'interroge parce qu'on est curieux !
On se pose tous des questions, à tous les âges de la vie. On cherche à comprendre le monde et à mieux savoir qui on est. Souvent, une réponse donne envie de poser d'autres questions. En fait, on n'a jamais fini d'apprendre et de s'interroger.

Les p'tits philosophes

Pourquoi je me mets en colère ?

Qu'est-ce qui te met en colère ?
Est-ce normal d'être en colère ?
Est-ce mal de faire des colères ?

Souvent, on se met en colère quand on veut quelque chose qu'on nous refuse, ou quand on veut parler mais que personne ne nous écoute. On trouve cela insupportable et on explose ! Mais cette colère ne résout pas le problème et elle peut même l'aggraver. Le mieux est de demander calmement des explications.

Pourquoi je suis parfois méchant ?

Dans quel cas es-tu méchant ?
Est-ce une bonne attitude ?

Très souvent, on est méchant pour montrer sa force, parce qu'on est jaloux ou qu'on en veut à quelqu'un. Parfois aussi on se sent agressé, alors on répond par des méchancetés. Et d'autres fois encore, on est méchant sans aucune raison ! Il vaut mieux s'expliquer calmement, car on peut faire de la peine aux autres.

Pourquoi je boude ?

Es-tu un grand boudeur ?
Est-ce efficace de bouder ?
Y a-t-il d'autres solutions ?

Parfois, quand on est vexé d'avoir perdu à un jeu de cartes ou que l'on en a assez des moqueries des copains, on boude. C'est une manière très simple de montrer que l'on n'est pas content, mais le problème n'est pas résolu pour autant ! Il vaut mieux s'expliquer et dire ce qui ne va pas.

Pourquoi je suis parfois dans la lune ?

Oublies-tu souvent tes affaires ?
Es-tu rêveur ?
Est-ce que ça te gêne, d'être dans la lune ?

Certains jours, on perd ses lunettes, on oublie ses affaires, on n'écoute pas en classe. Ça énerve les autres et ça peut nous rendre triste. Souvent, c'est parce qu'on va trop vite ou qu'on a peur de rater. Ou c'est parce qu'on est un peu poète, qu'on a plein d'imagination. Si ça nous gêne, le mieux est d'en parler à un adulte.

Pourquoi je m'ennuie parfois ?

T'arrive-t-il de t'ennuyer ?
Aimerais-tu être toujours occupé ?
Crois-tu que c'est mal de s'ennuyer ?

Certains jours, on ne sait pas quoi faire, on n'a personne avec qui jouer. Alors on s'ennuie. On peut chercher à s'occuper, mais on peut aussi laisser sa pensée s'évader… car, souvent, quand on ne fait rien, on pense à des choses, on imagine, on rêve. Et c'est dans ces moments-là que naissent les idées !

Pourquoi le temps passe plus vite quand on s'amuse ?

Quand trouves-tu le temps long ?
Quand te semble-t-il trop court ?

Quand on s'ennuie, on a le temps de compter les minutes, et il y en a beaucoup dans une journée ! Du coup, on a l'impression que le temps est plus long. Quand on s'amuse, on n'y pense pas et le temps file ! Le mieux, c'est de s'intéresser vraiment à toutes les choses que l'on fait : le temps passera à toute vitesse !

Pourquoi je suis parfois triste ?

**Que ressens-tu quand tu es triste ?
Est-ce normal d'être triste ?**

Certains jours, on se dispute avec ses copains ou on se fait gronder sans comprendre pourquoi. C'est normal de ne pas être heureux dans ces moments-là. Parfois, on est aussi triste sans trop savoir pourquoi. Le mieux est de ne pas garder son chagrin pour soi et d'en parler aavec un ami ou avec ses parents.

Pourquoi je suis parfois timide ?

**As-tu déjà été intimidé ?
En souffres-tu ?**

Souvent, on n'ose pas parler devant la classe ou même aller acheter des choses dans un magasin. On rougit, on bafouille, on hésite, car on a peur d'être jugé. Chaque fois c'est une épreuve mais, petit à petit, cela devient plus facile. Et quand on y arrive, on est vraiment content.

Pourquoi je fais des cauchemars ?

**Fais-tu souvent des cauchemars ?
À ton avis, à quoi servent-ils ?**

Quand on dort, notre cerveau nous plonge parfois dans des rêves très agréables ou dans des cauchemars horribles. Ils nous font peur mais, en réalité, ils ont un rôle positif. Ils permettent de faire sortir de nos têtes nos angoisses, nos petits soucis, nos disputes. Mais s'ils te font trop peur, il vaut mieux en parler à tes parents.

Pourquoi j'ai peur ?

As-tu déjà eu peur ?
Comment la peur se manifeste-t-elle ?
La peur est-elle toujours négative ?

On a tous eu peur au moins une fois dans notre vie. Certains ont peur du noir ou de quitter leur famille pendant les vacances. On a alors le cœur qui bat à toute allure et, parfois, on se met à pleurer. Quand on grandit, on apprend à surmonter ces craintes. Mais la peur est parfois utile : elle nous empêche de faire des bêtises, comme de sauter d'un mur trop haut.

Comment faire pour être courageux ?

Y a-t-il des choses que tu n'oses pas faire ?
Qu'est-ce qui t'empêche d'agir ?

Parfois, on n'ose pas parler d'un problème ou on n'ose pas agir. C'est souvent par paresse, par timidité ou par peur. Mais si on ne fait rien, on peut le regretter ou s'en vouloir. Le mieux est d'agir, de dominer sa peur en commençant par des petites choses. Plus on ose faire les choses, plus il devient facile de les faire.

Comment ne pas avoir peur du noir ?

As-tu peur du noir ?
De quoi as-tu peur dans le noir ?

Dans le noir, on imagine des fantômes se promener dans la maison et toutes sortes de choses. Le moindre bruit nous fait sursauter. Pour ne plus avoir peur, on peut mettre une veilleuse ou laisser passer un peu de lumière par la porte entrebâillée, par exemple. Quand on grandit, nos craintes diminuent ou disparaissent. Peu à peu, on apprend à les dominer.

Pourquoi y a-t-il des gens que j'aime et d'autres que je n'aime pas ?

Aimes-tu tout le monde ?
Penses-tu que c'est possible ?
Penses-tu que c'est bien ?

Chaque jour, on rencontre des personnes. Certaines vont nous plaire, d'autres non ou d'autres encore vont même nous énerver. Et c'est normal ! On est tous différents et on va se sentir mieux avec certaines personnes qu'avec d'autres. Heureusement, on n'est pas obligé d'aimer tout le monde !

Pourquoi tombe-t-on amoureux ?

Es-tu déjà tombé amoureux ?
Est-ce agréable d'être amoureux ?
Comment sait-on que l'on est amoureux ?

On tombe amoureux quand on rencontre une personne qui nous plaît : on la trouve drôle, gentille ou très belle. Parfois, on ne sait pas vraiment pourquoi, c'est la magie de l'amour ! Quand on a toujours envie de voir cette personne, de passer le plus de temps possible avec elle, quand on a le cœur qui bat plus vite quand on la voit, c'est qu'on est amoureux !

Pourquoi je suis parfois jaloux ?

De qui es-tu jaloux ?
Qu'est-ce que tu ressens ?
Comment ne plus être jaloux ?

Quand on aime quelqu'un, quand on a un meilleur ami, on a parfois peur qu'un jour il préfère quelqu'un d'autre : on est jaloux. On peut aussi ressentir de la jalousie quand on pense que l'on n'est pas autant gâté que son frère ou que sa sœur par ses parents. Si on partage tout, on n'a plus ce problème de jalousie : on partage ses jouets et ses parents !

Comment je sais que mes parents m'aiment ?

Quels signes montrent que tes parents t'aiment ?
Quels sont tes moments préférés avec eux ?

L'amour des parents s'exprime par des câlins, des cadeaux, mais aussi par des signes moins reconnaissables : des bons repas, de l'inquiétude quand on est malade… S'ils grondent, punissent ou interdisent, c'est aussi par amour : ils veulent nous aider à grandir et nous protéger. Ouvre l'œil, tu verras à quel point tes parents t'aiment !

Comment aimer son frère ou sa sœur ?

Te disputes-tu avec ton frère ou ta sœur ?
Es-tu jaloux ?

Parfois, quand tu te disputes avec ton frère ou ta sœur, tu as l'impression de ne plus l'aimer. En réalité, on peut se disputer et continuer à s'aimer. Entre frères et sœurs, on joue ensemble, on se prête des affaires, on s'aide… C'est une vraie chance d'avoir un frère ou une sœur, non ? Pourrais-tu t'en passer ?

Pourquoi ne peut-on pas se marier avec son père ou sa mère ?

Aimerais-tu épouser ton père ou ta mère ?
Crois-tu que ce soit possible ?

Enfant, on pense que son papa est le plus beau et le plus fort, et que sa maman est la plus drôle et la plus jolie du monde. On les aime tellement qu'on aimerait se marier avec lui ou avec elle. Mais, petit à petit, en grandissant, on découvre d'autres gens. On donne alors plus de place aux autres, et en particulier à son amoureux ou à son amoureuse.

Pourquoi est-on tous différents ?

Aimerais-tu qu'on soit tous pareils ?
À quoi ressemblerait la vie si on était tous pareils ?

On est tous différents les uns des autres parce que tout, dans notre vie, est différent : nos parents, notre pays, nos amis, notre école, nos activités… On a chacun notre visage, notre caractère, nos goûts, nos idées, nos rêves. Si on était tous pareils, on ne s'intéresserait pas aux autres. Quel ennui !

Pourquoi trouve-t-on certaines personnes belles et d'autres moches ?

Pour toi, qu'est-ce qui est beau ?
Qu'est-ce qui est laid ?
Penses-tu qu'il y a des choses qu'on trouve tous beau ?

Tu aimes les taches de rousseur de ta voisine, ton copain n'aime pas. Peut-être que ça te rappelle une personne que tu aimes bien. Peut-être que tu les trouves jolies sans raison. Peu importe. Chacun a ses goûts. Et ça peut changer avec le temps : en grandissant, ton copain finira peut-être par aimer les taches de rousseur !

Pourquoi se dispute-t-on ?

Te disputes-tu souvent avec les autres ?
Qu'est-ce qui t'énerve ?
Y a-t-il des disputes utiles ?

Souvent, on se dispute quand on n'est pas d'accord sur quelque chose. On pense avoir raison et on veut imposer son idée à tout prix. Alors on se bagarre avec des mots. Parfois, on peut se fâcher pour longtemps. Mais une bonne dispute permet aussi de régler des problèmes, si on sait pardonner et se réconcilier après.

Pourquoi je veux toujours la même chose que mon copain ?

**As-tu déjà envié un copain ?
Pour quelles raisons ?**

Souvent, on envie les cadeaux que son meilleur copain a reçus à Noël, ou on aimerait bien avoir les habits qu'il porte. Même si on a les mêmes dans son placard, on les trouve beaucoup mieux sur lui. En réalité, on veut surtout ressembler à son copain pour se sentir encore plus proche de lui !

Pourquoi parfois je veux être le chef ?

**Quel est l'avantage d'être chef ?
Est-ce toujours agréable ?**

Quand on est le chef, on est le plus important et on décide de tout, c'est bien pratique. Si on adore jouer au football, on peut l'imposer à ses copains. Mais être chef, c'est aussi avoir des responsabilités. Si on choisit le dessin animé que l'on va voir au cinéma et qu'il est nul, les copains ne seront pas contents !

Comment éviter les bagarres ?

**Te bagarres-tu ?
Pourquoi te bagarres-tu ?**

Souvent, la bagarre, ça démarre tout seul. On est en colère et on ne peut pas s'empêcher de répondre par des coups. Pour éviter les bagarres, on peut respirer et souffler fort quand on sent la colère monter. Ça permet de garder son calme, pour pouvoir s'expliquer avec des mots. Et quand ce sont des copains qui se bagarrent, on peut tenter de les calmer, sans se mêler à leur dispute.

Pourquoi trouve-t-on souvent les punitions injustes ?

Pour toi, qu'est-ce qui est injuste ?
Qu'est-ce qui est juste ?
Comment savoir ce qui est juste ?

Tu es privé de récréation parce que tu as bavardé en classe. Tu trouves cela injuste. Ton maître, lui, trouve ça juste : la prochaine fois, tu ne dérangeras pas les autres et tu écouteras la leçon. Souvent, ce qui est injuste pour soi peut être juste pour l'autre. Mais si tu trouves qu'une punition est trop injuste, tu peux en parler avec un adulte.

Pourquoi je suis parfois puni ?

Pourquoi es-tu puni ?
Est-ce que tu trouves ça juste ?

Quand on désobéit ou quand on fait un énorme caprice, nos parents nous punissent pour nous faire comprendre que l'on a fait quelque chose de mal. Cela peut être une interdiction de jouer à l'ordinateur. C'est normal d'être puni quand on a fait exprès de pousser quelqu'un, par exemple. Mais si on estime qu'une punition est injuste, il faut en parler avec ses parents.

Comment distinguer le bien du mal ?

Comment savoir si ce que je fais est bien ?
Y a-t-il toujours un bien et un mal ?

Parfois, c'est facile de dire si c'est bien ou mal. Voler un gâteau : c'est mal. Aider un ami à faire ses devoirs : c'est bien. D'autres fois, on ne sait pas : dire un mensonge pour éviter à un ami de se faire gronder. Est-ce bien ? Est-ce mal ? Difficile à dire ! Il n'y a pas toujours un bien ou un mal. C'est à chacun de réfléchir pour faire au mieux.

Comment savoir si j'ai tort ou raison ?

Y a-t-il des choses dont tu es sûr ?
Et d'autres dont tu n'es pas sûr ?

En général, si tu réfléchis un peu, tu sais facilement si tu as tort ou raison : ai-je tort de jeter mon chewing-gum par terre ? Oui ! Ai-je raison de taper mon frère ? Non ! Si tu n'as pas la réponse, renseigne-toi ou demande conseil à une personne de confiance. Cela t'évitera de te tromper.

Comment savoir si ce que je fais est juste ?

Pour toi, qu'est-ce qui est juste ?
Qu'est-ce qui est injuste ?
Qui décide de ce qui est juste ?

Tu as une petite et une grosse part de gâteau. Tu donnes la petite à ta sœur et tu gardes la grosse pour toi. Tu penses que c'est juste car elle mange moins que toi. Mais elle, elle trouve ça injuste car elle a très faim ! Ce qui est juste pour soi peut être injuste pour l'autre. Il y a aussi des choses que tout le monde trouve justes, comme arrêter un voleur.

Pourquoi je dois pardonner ?

As-tu déjà pardonné ?
À quoi cela sert-il ?
Faut-il toujours pardonner ?

On a tous des raisons de pardonner quelque chose à quelqu'un : une petite moquerie, une bagarre, une injure. Pardonner, ce n'est pas oublier, c'est comme passer l'éponge sur une saleté. Après avoir pardonné, même si c'est parfois difficile, on se sent toujours mieux.

Pourquoi je dois partager ?

Aimes-tu partager ?
Quel est l'intérêt de partager ?

On aime souvent garder les choses pour soi, pour en avoir plus. Mais c'est dommage de manger un gros gâteau tout seul quand on est avec des amis. Et ensuite, à leur tour, ils risquent de ne pas vouloir partager leurs jouets. Si on partage le gâteau et les jouets, tout le monde y gagne ! Quand on partage, on vit toujours mieux ensemble.

Pourquoi je n'aime pas prêter mes affaires ?

Qu'est-ce qui t'empêche de prêter tes affaires ?
Es-tu triste de ne pas arriver à prêter tes affaires ?
Aimes-tu qu'on te prête des affaires ?

As-tu peur qu'on abîme tes affaires ? Crains-tu qu'on oublie de te les rendre ? Certes, tu peux vouloir les garder pour toi. Mais réfléchis : vont-elles te manquer ? Est-ce agréable de tout garder pour soi ? Et puis prêter ne veut pas dire donner : on te rendra tes affaires. En prêtant, on a plus à gagner qu'à perdre !

Pourquoi je mens parfois ?

As-tu déjà menti ?
Comment te sens-tu quand tu as menti ?
Est-ce toujours mal de mentir ?

Il y a plusieurs raisons de mentir aux autres. Parfois, c'est pour faire croire que l'on est plus fort ou bien pour échapper à une punition. Mais, d'autres fois, le mensonge est plus positif : quand on ne dit pas la vérité pour ne pas faire de peine à quelqu'un, par exemple !

Pourquoi faut-il parfois choisir ?

Quand dois-tu faire des choix ?
Est-ce facile ?

Dans la vie, on doit souvent faire des choix, car on ne peut pas tout faire, ni tout avoir. Quand on a une pièce de 2 euros, on ne peut pas acheter à la fois un magazine et un gâteau. On doit donc réfléchir… pour prendre ce qui nous plaît le plus !

Comment accepter de perdre ?

As-tu du mal à accepter que les autres gagnent ?
Es-tu mauvais joueur ?

Quand on perd, on a envie d'arrêter de jouer ou parfois même de tricher pour gagner. Personne n'aime perdre. Mais est-ce si grave de perdre ? Sûrement pas. Le mieux est de se dire que ce n'est qu'un jeu, que ce n'est pas grave, et qu'on gagnera peut-être la prochaine fois !

Pourquoi est-ce mal de voler ?

As-tu déjà eu envie de voler ?
Qu'as-tu fait ?

Parfois, on peut être tenté de voler ce qui ne nous appartient pas. C'est tellement facile de prendre une petite voiture dans la chambre d'un copain. Mais il faut se mettre à sa place : aimerais-tu que l'un de tes copains vole tes jouets ou ta tirelire ?

Comment aider les autres ?

Aimes-tu aider les autres ?
Que faut-il faire ?

Pour aider les autres, il faut déjà savoir ce dont ils ont besoin. Sois attentif à eux, ou demande-leur comment leur rendre service. Propose à un copain de l'aider à faire ses devoirs, à ton frère de ranger ses jeux… Si tu ne peux pas agir seul, demande un coup de main à tes amis ou à ta famille. Et parfois, pour aider quelqu'un, il suffit de l'écouter et de discuter avec lui.

Comment savoir ce qui fait plaisir aux autres ?

Aimes-tu faire plaisir aux autres ?
Est-ce agréable de faire plaisir aux autres ?

Qu'offrir à ton papa pour son anniversaire ? Un dessin ? Un objet bricolé toi-même ? Le mieux est de lui demander à lui, ou à ta maman si tu veux lui faire une surprise. Tu peux aussi être attentif à ses goûts, à ses activités préférées. Car ce qui te fait plaisir à toi n'est pas toujours ce qui fait plaisir aux autres. Mais une chose est sûre : faire plaisir aux autres, ça rend heureux !

Comment choisit-on ses amis ?

Qu'est-ce qu'un ami ?
Qui sont tes amis ?

On devient ami avec des gens avec qui on a des activités et des goûts en commun. Quand on se sent proche de quelqu'un, on peut discuter un peu avec lui, ou lui proposer un jeu qui lui plaît. On peut aussi l'inviter. Ça permettra de mieux se connaître, et de devenir amis pour la vie, qui sait ?

Comment demander pardon à un ami ?

**As-tu le sentiment d'avoir été injuste avec un ami ?
Est-ce difficile de demander pardon ?**

Parfois, on a le sentiment d'avoir été injuste avec un ami. On est triste, on regrette ce qu'on a fait. Pour demander pardon, on peut s'excuser et dire qu'on est désolé de s'être mal comporté. On peut aussi offrir quelque chose : un dessin, un jouet... Ce n'est pas toujours facile, mais, après, on se sent mieux.

Pourquoi a-t-on un meilleur ami ?

**As-tu un meilleur ami ?
Pourquoi l'as-tu choisi ?
Qu'est-ce qui te plaît chez lui ?**

Parmi ses amis, il y en a toujours un avec qui on s'entend mieux qu'avec les autres, qu'on connaît depuis longtemps et avec qui on se sent bien : c'est notre meilleur ami. Avec lui, c'est plus facile de se confier ou de partager ses jeux et ses secrets. Et, souvent, on garde ce meilleur ami toute sa vie !

Pourquoi j'ai parfois envie d'être seul ?

Y a-t-il des choses que tu fais seulement quand tu es seul ?

En général, on aime bien être avec ses copains, s'amuser avec eux ou discuter. Mais, parfois, c'est agréable d'être seul : on peut se reposer, regarder un dessin animé ou faire des dessins. C'est aussi un moment où on peut réfléchir. Quand on est seul, on est vraiment soi-même.

Pourquoi je ne peux pas revenir en arrière ?

As-tu vécu quelque chose de triste ?
Aimerais-tu revivre des bons moments du passé ?

Parfois, après un malheur, on aimerait pouvoir appuyer sur un bouton pour revenir en arrière et tout recommencer. Mais personne ne peut changer le temps qui passe. Si on l'arrêtait, tout serait désordonné ; ce serait la fin du monde ! Pour revivre un moment du passé, on peut toujours faire appel à ses souvenirs.

Pourquoi je ne me souviens pas de quand j'étais bébé ?

Aimerais-tu te souvenir de toi bébé ?
De quoi aimerais-tu te souvenir ?
Quel est ton souvenir le plus lointain ?

En réalité, on a plein de souvenirs de notre petite enfance ! Ce qu'on vit petit s'imprime dans notre cerveau sans qu'on s'en rende compte. Ce ne sont pas des souvenirs précis, mais des impressions ou des émotions : si on aime certains parfums, c'est souvent que, bébé, on les a découverts avec plaisir.

Comment je serai quand je serai grand ?

Comment aimerais-tu être plus tard ?
Penses-tu que ta vie sera belle ?

Où habiteras-tu plus tard ? Auras-tu une grande famille ? Seras-tu heureux ? On ne peut pas prédire l'avenir. Ce que tu deviendras dépendra de toi, de tes talents, de ton travail, de tes envies, de tes rêves… Cela dépendra aussi de ta famille, de tes amis, des gens que tu croiseras, des surprises de la vie.

Comment sait-on qu'on est devenu adulte ?

As-tu hâte de grandir ?
Que ferais-tu si tu étais adulte ?

Il y a plein de signes qui montrent qu'on est adulte : notre corps change, on sait se débrouiller seul, on se sent responsable, on est capable de gagner sa vie. On a aussi envie d'être amoureux, d'avoir une maison à soi, de fonder une famille. Cela peut être à 18 ans, à 20 ou à 23 ans, et même plus tard, car chacun grandit à son rythme.

Comment ce sera dans le futur ?

Qu'aimerais-tu savoir du futur ?
Aimerais-tu tout savoir à l'avance ?

Est-ce qu'un jour les guerres disparaîtront ? Est-ce que la Terre sera moins polluée ? Est-ce qu'on habitera sur Mars ? Personne ne le sait, car on ne peut pas tout prévoir. Et c'est tant mieux ! Si on pouvait prédire l'avenir, on n'aurait rien envie de faire puisqu'on saurait déjà tout : on ne prendrait plus la peine d'inventer, d'espérer, de rêver.

Comment être heureux ?

Es-tu heureux ?
Qu'est-ce qui te rend heureux ?

Il n'y a pas de recettes toutes faites pour être heureux. Chacun a son idée sur les petits plaisirs et les grands bonheurs de la vie : manger du chocolat, marcher pieds nus sur le sable chaud, rire avec ses amis… Être heureux, c'est savoir reconnaître ces moments de bonheur pour les savourer. Et prendre la vie du bon côté.

Pourquoi j'existe ?

Pourquoi es-tu né ?
Qui a choisi de te donner la vie ?

Tu es là car tes parents t'ont donné la vie. Ils auraient pu ne pas se rencontrer. Ils auraient pu s'aimer mais ne pas avoir d'enfants. Mais voilà, tu es là, vivant, et unique au monde, comme chacun de nous ! C'est l'un des grands mystères de la vie…

Pourquoi meurt-on ?

Est-ce que tout le monde meurt ?
Que faire quand quelqu'un que l'on aime est mort ?

Chaque être vivant (les hommes, les animaux ou les plantes) meurt un jour ou l'autre. C'est une chose toujours triste mais normale et naturelle : tout le monde naît et tout le monde meurt un jour. On est malheureux quand quelqu'un que l'on aime meurt, mais on peut continuer de penser à lui pour ne pas l'oublier.

Pourquoi enterre-t-on les morts ?

Es-tu déjà allé à un enterrement ?
À quoi les cimetières servent-ils ?

Quand une personne meurt, sa famille et ses amis se retrouvent et se réconfortent au moment de l'enterrement. On met le corps du mort dans un cercueil, puis dans une tombe. Cela permet aussi d'avoir un lieu où on peut rendre visite aux gens que l'on aime encore, même s'ils sont morts.

Pourquoi certaines personnes croient en Dieu ?

Crois-tu en Dieu ?
Pour toi, qui est Dieu ?
À quoi ça sert de croire en Dieu ?

Depuis toujours, les hommes s'interrogent sur la vie : pourquoi on existe ? Où va-t-on quand on est mort ? Les savants n'ont pas la réponse. Les croyants, eux, pensent que c'est Dieu qui a créé la vie. Pour eux, toutes les merveilles du monde sont des signes de son existence. C'est quelque chose qu'ils ressentent très fort, et qu'ils ont du mal à expliquer.

Pourquoi y a-t-il plusieurs dieux ?

Quels dieux connais-tu ?
Es-tu croyant ?

Dans le monde entier, les hommes ont choisi un dieu. Mais comme il y a beaucoup de religions différentes, comme le christianisme, le judaïsme ou l'islam, il existe des dieux différents. Certains ont par exemple choisi de prier Jésus, d'autres Mahomet.

Pourquoi met-on des gens en prison ?

À quoi les prisons servent-elles ?
Est-ce une bonne solution pour punir les gens ?

Parfois, certaines personnes sont dangereuses pour les autres : elles les volent, les frappent ou même les tuent. La seule solution est alors de les enfermer dans une prison. Elles y resteront plus ou moins longtemps, selon la gravité de leur acte.

Pourquoi certains pays se font la guerre ?

Tous les pays ont-ils connu la guerre ?
Y a-t-il encore des guerres aujourd'hui ?

Certains pays veulent agrandir leur territoire, d'autres s'emparer des richesses de leur voisin ou montrer leur puissance.
Mais on fait aussi la guerre pour retrouver sa liberté, pour répondre à une attaque ou pour défendre un pays ami.
Aujourd'hui, en Europe, les pays sont en paix mais il y a des guerres ailleurs dans le monde.

Comment fait-on pour arrêter une guerre ?

Pourquoi fait-on la guerre ?
Qui décide de faire la guerre ?

Arrêter une guerre est un travail difficile, car les ennemis doivent se mettre d'accord pour faire la paix. Souvent, beaucoup de gens y participent : les habitants des pays en guerre, les hommes politiques, les écrivains… Chacun donne son avis, propose des solutions pour mettre fin aux combats. Chaque effort vers un monde plus juste est un pas vers la paix.

Pourquoi y a-t-il des personnes qui dorment dans la rue ?

As-tu déjà vu des SDF ?
Que penses-tu qu'il leur soit arrivé ?

Un jour, ces personnes ont eu un gros problème. Elles ont perdu leur travail, eu une maladie très grave ou elles ont été touchées par la mort d'un proche. Elles n'ont pas trouvé d'aide ou n'ont pas osé en demander à leur famille ou à leurs amis. Sans argent, elles n'ont plus réussi à payer leur logement et se sont retrouvées dans la rue.

Pourquoi les adultes sont toujours pressés ?

Es-tu occupé comme un adulte ?
Est-ce une bonne chose d'être aussi pressé ?

Les adultes doivent travailler, s'occuper de leurs enfants, de la maison, mais ils veulent aussi voir des amis, faire du sport, aller au cinéma. Du coup, ils sont obligés de courir pour réussir à tout faire. Mais est-ce qu'il vaut mieux tout faire vite ou faire moins de choses, mais en prenant son temps ?

Pourquoi les adultes doivent travailler ?

Est-ce que travailler est obligatoire ?
Tout le monde aime-t-il travailler ?

Tout le monde a besoin de travailler pour gagner de l'argent, pour pouvoir se nourrir, trouver un logement, partir en vacances. On peut adorer son métier ou au contraire ne pas le trouver intéressant. À partir d'un certain âge, on peut arrêter de travailler tout en recevant encore de l'argent : c'est la retraite.

Comment décide-t-on du prix des choses ?

Aimerais-tu pouvoir acheter tout ce que tu veux ?
Est-ce que tout a un prix ?

Le prix dépend de la valeur des choses. Un boulanger, par exemple, donne un prix pour sa baguette car il a acheté de la farine, de la levure, du sel, un pétrin et un four pour la fabriquer. Il a aussi utilisé son savoir-faire et du temps pour la préparer. Son pain a alors une valeur dont on connaît le prix. Mais il y a aussi des choses de valeur qui n'ont pas de prix, comme le bonheur, l'amitié, l'amour…

Pourquoi mange-t-on des animaux ?

D'où vient cette habitude ?
Aimes-tu manger de la viande ?
Est-ce que tout le monde le fait ?

Avant l'invention de l'agriculture, les premiers hommes mangeaient des animaux pour ne pas mourir de faim et, depuis, on n'a jamais arrêté. La viande et les poissons contiennent des éléments dont notre corps a besoin pour se développer. Mais certaines personnes estiment que l'on n'a pas le droit de tuer des animaux et choisissent de ne plus en manger.

Pourquoi je dois aller à l'école ?

Aimes-tu aller à l'école ?
D'après toi, à quoi ça sert ?

À l'école, on apprend à lire, à écrire et à compter. C'est important pour trouver un métier, mais pas uniquement. Comment lire un magazine, compter son argent de poche, écrire un e-mail sans avoir appris à faire tout ça ? Avec l'histoire ou la géographie, on comprend aussi mieux le monde. Et puis, en classe, on se fait des copains, on apprend à vivre ensemble.

Pourquoi je dois être poli ?

Es-tu toujours poli ?
Pourquoi doit-on dire « bonjour » et « merci » ?
Pourrait-on vivre sans politesse ?

Parfois, on trouve que la politesse n'est pas vraiment utile. Et pourtant, c'est la meilleure manière de rendre la vie ensemble plus facile. Un « bonjour », un « merci », c'est toujours agréable, car c'est une façon de respecter ceux que l'on rencontre.

Pourquoi les enfants n'ont pas le droit de tout faire ?

Pourquoi y a-t-il des choses interdites ?
Qu'est-ce que tu n'as pas le droit de faire ?

Pourquoi doit-on se coucher tous les soirs à 20 h et pas à minuit ? Pourquoi ne peut-on pas conduire une voiture ? En général, les enfants n'ont pas le droit de faire les choses qui sont mauvaises pour leur santé ou dangereuses. Grandir, c'est justement comprendre et respecter ces limites.

Comment savoir quand je peux dire non ?

Y a-t-il des choses que tu as du mal à refuser ?

Parfois, tu ne sais pas si tu dois accepter certaines choses. Si tu sens que ça te gêne ou que ça te met en danger, n'hésite pas à dire non. Si tu doutes, tu peux demander à réfléchir et répondre plus tard. Peut-être as-tu envie de dire non mais tu n'y arrives pas. Dans ce cas, le mieux est d'en parler avec un ami ou tes parents.

Pourquoi les animaux ne rigolent pas ?

Penses-tu que les animaux comprennent tout ?
Est-ce que les animaux pensent ?
L'homme et l'animal sont-ils très différents ?

Quand un chien est content, il remue la queue, mais il ne rigole pas. Pourquoi ? Parce qu'il ne pense pas, ou pas de la même façon que l'homme. La pensée permet à l'homme de rire, de réfléchir, d'inventer des choses. L'animal, lui, agit par réflexe ou en suivant son instinct. Mais ça n'empêche pas l'homme et l'animal d'être amis… et de se comprendre !

Pourquoi j'aime quand on me raconte une histoire ?

Comment te sens-tu quand on te raconte une histoire ?
Que se passe-t-il dans ta tête ?

C'est un moment très agréable, on ne pense plus à rien, car on est passionné par l'histoire. On oublie ses petits soucis de l'école et ses disputes avec ses copains. Quand on nous raconte une histoire, on part dans un monde imaginaire tout doux.

Pourquoi y a-t-il toujours un méchant dans les histoires ?

As-tu peur des méchants dans les histoires ?
Aimes-tu avoir peur en lisant ?

C'est vrai, en général, il y a un loup et toutes sortes de méchants dans les livres. Souvent, c'est parce que les histoires s'inspirent de la vie. Et dans la vie, il n'y a pas que des gentils. Mais un méchant peut être un peu gentil, et un gentil peut être un peu méchant. Chacun a du bon et du mauvais en lui. Le loup aussi !

Pourquoi garde-t-on des objets dans les musées ?

Quels objets garde-t-on ?
Es-tu déjà allé dans un musée ?

Dans les musées, on garde les objets les plus anciens ou les œuvres que l'on pense être les plus belles pour qu'ils ne soient pas volés ou abîmés. C'est aussi un moyen pour que le plus grand nombre de personnes possible puisse les admirer.

Pourquoi certains tableaux ne ressemblent à rien ?

Les artistes qui font ces tableaux sont-ils fous ?
Aimes-tu ces tableaux ?

Les tableaux qui ne représentent pas des personnages ou des paysages ne ressemblent pas à rien pour celui qui les regarde. Ils donnent de l'émotion grâce à leurs couleurs ou à leurs motifs ou expriment une idée. Il y a même des tableaux entièrement bleus ou blancs !

Pourquoi dit-on que certaines choses « n'ont pas de prix » ?

Connais-tu des choses qui n'ont pas de prix ?
Sont-elles importantes ?

Une baguette de pain, un jouet ou un ordinateur ont un prix que l'on peut connaître en allant dans un magasin. Mais comment mesurer le prix de l'amitié ou de l'amour ? C'est impossible ! Ces sentiments n'ont pas de prix, ils valent bien plus qu'un bijou ou qu'une belle voiture ! Et c'est bien pour cela qu'ils sont si précieux.

Comment sait-on que quelque chose est beau ?

Pour toi, qu'est-ce qui est beau ?
Qu'est-ce qui est laid ?
Y a-t-il des choses que tout le monde trouve belles ?

On sait qu'une chose est belle quand elle nous plaît. Au musée, il y a des tableaux qu'on trouve beaux, et d'autres pas. Chacun a ses goûts. Et ils peuvent changer : un jour on peut se mettre à aimer un tableau qu'on n'aimait pas avant. Il y a aussi des choses que tout le monde trouve beau : le soleil, la mer, les étoiles…

Comment se déplacent les continents ?

La couche extérieure de la Terre est constituée de plaques rocheuses qui bougent en permanence et glissent sur le magma (roches brûlantes et pâteuses).
Les continents situés sur ces plaques dérivent très lentement. Ainsi, l'Amérique s'écarte chaque année d'environ 2 cm de l'Europe et de l'Afrique.

Nature

Pourquoi certains fruits ont des noyaux et d'autres des pépins ?

Quand les fruits ont plusieurs graines, on dit qu'ils ont des pépins. Quand il n'y a qu'une seule graine, on parle de noyau. Les graines permettent à la plante de se reproduire. Les citrons, les tomates ou les pommes ont des pépins alors que les cerises, les olives ou les abricots ont un noyau.

Pourquoi les bananes ne sont pas droites ?

Les bananes ne poussent pas vers le bas, mais vers le haut ! En grandissant, elles deviennent plus lourdes et leur poids les fait pencher vers le sol : elles se recourbent naturellement ! Cette forme arrondie leur permettrait aussi de ne pas s'écraser les unes contre les autres.

Pourquoi la peau de la banane noircit ?

A. Elle se cache.

B. Elle mûrit.

C. Elle imite le caméléon.

Réponse : B. C'est parce qu'elle mûrit que la banane passe par différentes couleurs, du vert au jaune, puis au marron et au noir.

Pourquoi les pommes ne sont pas toutes de la même couleur ?

Parce qu'elles n'appartiennent pas toutes à la même famille ! Les pommes golden sont jaunes, les ariane sont rouges et les granny smith vert vif ! Chaque pomme a sa couleur, qu'elle soit naturelle ou développée par l'homme.

Chez les tomates, c'est pareil : il y en a des rouges, des orange, des jaunes et même des noires !

Pourquoi la tomate est un fruit et pas un légume ?

Certaines plantes produisent des fleurs qui donneront un fruit. C'est le cas de la tomate ! Mais on mange cette dernière comme un légume, qui lui est cultivé dans un potager et dont on mange les feuilles (salade) ou la racine (radis, carotte).

Comment sait-on quels champignons sont vénéneux ?

A. Ils clignotent.

B. Ils sont mous.

C. Ils ont des boutons.

Réponse : B. En général ils sont mous, pleins d'eau et sentent fort. Certains, comme l'amanite tue-mouches (rouge à points blancs), utilisent leur couleur pour prévenir du danger. Dans le doute, il faut toujours les montrer à un pharmacien avant de les manger.

Comment différencie-t-on un fruit d'un légume ?

A. Les légumes poussent sous la terre.

B. On ne peut pas les reconnaître.

C. Les fruits sont généralement sucrés.

Réponse : C. Quand une plante fleurit, elle forme un ovaire (organe de la reproduction) qui grossit en mûrissant et devient un fruit. De nombreux légumes (tomate, courgette…) sont donc des fruits ! Mais on appelle « fruit » ceux qui sont sucrés et poussent sur des arbres ou des arbustes, et « légume » ceux que l'on cultive au potager.

Pourquoi la peau des mandarines pétille quand on les épluche ?

La peau des mandarines est composée de milliers de petites poches qui renferment un liquide très parfumé. Quand on la presse, de très fines gouttelettes s'échappent et se dispersent facilement dans l'air.

Il se passe la même chose quand on épluche un citron, une orange ou un pamplemousse.

Comment se forment les moisissures sur un fruit ?

Les moisissures sont des champignons qui se reproduisent grâce à des graines minuscules (les spores) qui se répandent partout. Quand la peau d'un fruit est éraflée, ou qu'elle se fendille car le fruit est trop mûr, facile pour ces graines d'y entrer ! Elles s'y développent et forment des champignons.

Comment fait-on des légumes bio ?

A. On les peint en vert.

B. On les lave pour enlever les produits.

C. On n'utilise pas de produit chimique.

Réponse : C. Les légumes biologiques ne sont traités qu'avec des produits naturels (pas chimiques). Par exemple, au lieu d'utiliser de l'engrais, on nourrit la terre avec du compost (produit à base d'épluchures et de débris végétaux). À la place d'un produit contre les pucerons, on utilise des larves de coccinelles qui les dévoreront !

Pourquoi l'herbe est verte ?

Comme presque toutes les plantes, l'herbe est verte car elle contient un produit naturel qui la colore, la chlorophylle. Mais ce produit ne sert pas uniquement à lui donner une belle couleur : grâce à lui, l'herbe capte les rayons du Soleil qui lui permettent de fabriquer la sève dont elle se nourrit.

Pourquoi les orties piquent ?

La tige et les feuilles des orties sont recouvertes de petits poils : quand on les effleure, ils libèrent un acide qui brûle la peau et… aïe, ça pique ! Pour la plante, c'est un moyen de se défendre contre les herbivores qui veulent la manger.

Si tu fais sécher les orties, l'acide s'évaporera et disparaîtra, et elles ne piqueront plus !

Pourquoi les fleurs sentent bon ?

Les fleurs sentent bon afin d'attirer les insectes, qui leur sont très utiles : l'abeille, par exemple, en se posant sur une fleur, « attrape » du pollen sous ses pattes, qu'elle disperse ensuite sur les autres fleurs. C'est comme ça que les fleurs se reproduisent !

Pourquoi les fleurs coupées fanent ?

A. Elles n'ont plus à manger.

B. Elles ont peur.

C. Elles sont malades.

Réponse : A. Les fleurs ont besoin d'eau et de nourriture pour vivre. Les racines, la tige et les feuilles leur fournissent ce dont elles ont besoin. Alors, quand on les coupe, les fleurs manquent vite de nourriture et fanent.

Pourquoi les tournesols suivent le Soleil ?

La plupart des plantes ont besoin de lumière pour vivre. Le tournesol pousse très vite quand il est jeune : il a donc besoin de beaucoup de lumière à ce moment-là et tourne ses feuilles et sa fleur vers le Soleil, suivant ainsi sa course dans le ciel. Mais, quand le tournesol a fini de grandir, il ne bouge plus.

Comment les plantes carnivores mangent les insectes ?

Certaines plantes replient la feuille sur laquelle s'est posé un insecte et retiennent celui-ci prisonnier. Pendant 20 jours, elles « avalent » lentement leur proie grâce à des matières digestives qui la réduisent en bouillie.

D'autres espèces sont en forme de vase : les insectes tombent au fond et sont digérés.

Pourquoi les cactus ont des piquants ?

Les piquants des cactus sont des sortes de feuilles, fines et pointues, adaptées à un climat très sec. Ils captent et retiennent l'eau de leur environnement. En outre, ces piquants éloignent les animaux qui auraient envie de goûter les cactus.

On trouve des cactus de toutes tailles : de 1 cm à... 19 m !

Comment font les cactus pour pousser dans le désert ?

Les cactus n'ont pas besoin de beaucoup d'eau pour pousser : ils ont des épines qui leur permettent de perdre peu d'eau. Et ils constituent une réserve d'eau à l'intérieur de leur tige ou de leurs épines en prévision des périodes les plus sèches.

Pourquoi la tige des roses porte des épines ?

A. Pour se défendre.

B. Pour ressembler aux cactus.

C. Pour embêter les jardiniers.

Réponse : A. Les rosiers portent des épines sur leurs tiges pour se défendre. Ainsi, aucun animal ne vient les manger et les oiseaux n'osent pas se poser sur leurs branches !

Comment une plante peut sortir d'une graine ?

Dès qu'il commence à faire chaud, une graine tombée sur un sol humide se met à germer. La petite pousse se nourrit de l'intérieur de la graine.

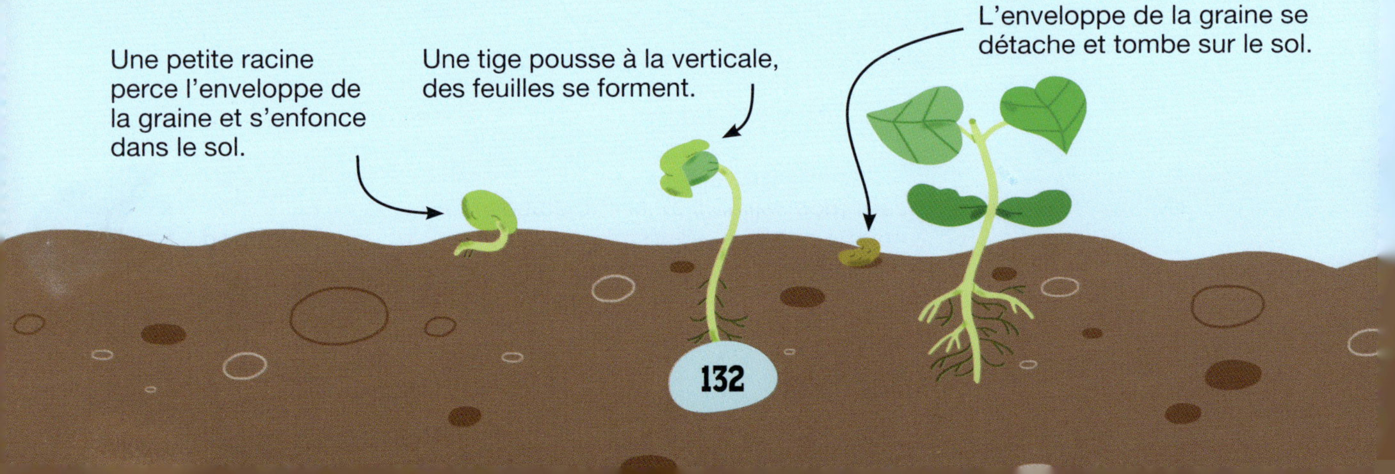

Comment les plantes se nourrissent ?

La plante verte absorbe l'eau et les sels minéraux du sol par ses racines, et le gaz carbonique de l'air par ses feuilles. Grâce à la lumière du Soleil, la chlorophylle (pigment vert) des feuilles transforme ces éléments en sucre qui nourrit la plante.

Comment lutter contre le réchauffement de la planète ?

Pour limiter le réchauffement, il faut diminuer la quantité de gaz nocifs dans l'air, comme le dioxyde de carbone : il apparaît quand on fait chauffer du gaz naturel (pour le chauffage), du pétrole (pour l'essence) ou du charbon (pour produire de l'électricité). Pour ne pas gaspiller d'énergie, pense par exemple à éteindre la lumière quand tu quittes une pièce.

Pourquoi les feuilles changent de couleur en automne ?

La couleur verte des feuilles est due à la chlorophylle. Au printemps et en été, ce produit permet aux arbres de fabriquer leur sève, dont ils se nourrissent. Quand vient l'automne, la sève ne circule plus dans les feuilles. Résultat, la chlorophylle disparaît. Les feuilles deviennent alors jaunes, orange et rouges.

Pourquoi les sapins ne perdent pas leurs aiguilles en automne ?

A. Parce que ça fait plus joli.

B. Parce que les aiguilles résistent au vent.

C. Parce que les aiguilles leur tiennent chaud.

Réponse : B. Les sapins ne perdent pas leurs aiguilles en automne, car leur sève ne gèle pas et parce que leurs aiguilles sont recouvertes d'une cire qui les protège du froid et du vent.

Pourquoi les feuilles des arbres tombent en automne ?

A. Pour partir en vacances au soleil.

B. Pour fêter la rentrée des classes.

C. Pour qu'ils puissent résister à l'hiver.

Réponse : C. Quand le froid arrive, l'arbre ne transporte plus de sève jusqu'aux feuilles : elles meurent et tombent. Puis, l'arbre (le tronc, les racines et les branches) se repose, pour ne pas dépenser trop d'énergie jusqu'au printemps suivant.

Comment poussent les arbres ?

Les arbres poussent à partir d'une graine qui a germé. Sous l'écorce se trouvent des cellules qui forment une nouvelle couche de bois à chaque printemps. À cette époque apparaissent aussi les bourgeons, qui donneront de nouvelles branches.

En moyenne, seule une graine sur 1 million donne naissance à un arbre.

Comment les arbres respirent ?

Comme nous ! Ils absorbent jour et nuit de l'oxygène et rejettent du dioxyde de carbone dans l'atmosphère. Ils le font par leurs feuilles (qui ont de petits trous), leurs racines, l'écorce du tronc et leurs branches. Si bien que même les arbres qui perdent leurs feuilles en hiver continuent à respirer !

Comment peut-on connaître l'âge d'un arbre ?

Si on coupe un tronc d'arbre en rondelles, on aperçoit des cercles, de plus en plus petits à mesure que l'on s'approche du centre. Chaque trait clair correspond à du bois né au printemps, chaque trait foncé à du bois né l'été. Pour savoir quel âge a un arbre, il suffit de compter les traits foncés !

Pourquoi neige-t-il en hiver ?

En hiver, si la température descend en dessous de 0 °C, les gouttelettes d'eau qui sont dans les nuages gèlent et se transforment en cristaux de glace, qui se collent les uns aux autres pour former des flocons. Quand ces flocons sont trop lourds, ils finissent par tomber. Il neige !

Pourquoi la neige est blanche ?

La neige fraîche est composée de tout petits cristaux de glace. Ces cristaux agissent comme des miroirs et renvoient la lumière blanche émise par le Soleil. C'est pour cela que la neige nous apparaît blanche !

Pourquoi la neige ne fond pas en haut des montagnes ?

Plus on est en altitude (plus on monte), plus il fait froid. En Europe, au-dessus de 3 000 m d'altitude, il fait tellement froid que les cristaux de glace qui forment la neige ne peuvent pas fondre, même en plein soleil.

Ces neiges qui ne fondent jamais au sommet des montagnes s'appellent « neiges éternelles ».

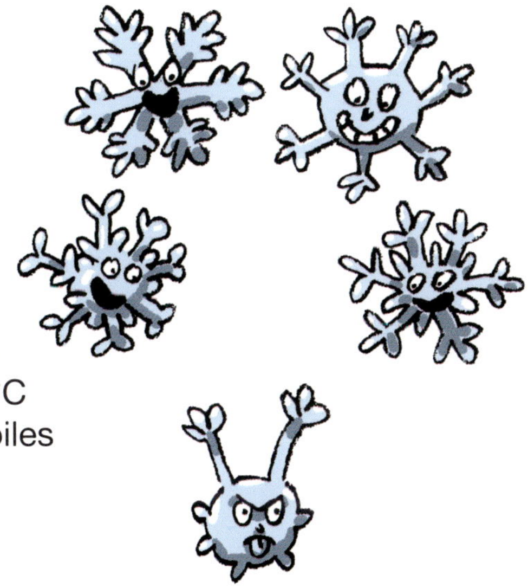

Pourquoi les flocons sont en forme d'étoile ?

Tous les flocons de neige ne ressemblent pas à des étoiles : leur forme change en fonction de la température. Les cristaux de glace qui s'agglutinent quand il fait froid forment des petites plaques entre 0 °C et –3 °C, des aiguilles entre –3 °C et –10 °C ou des étoiles à partir de –10 °C.

Comment se déclenchent les avalanches ?

Quand il neige beaucoup, une épaisse couche de neige fraîche se dépose. Celle-ci est alors très instable : il suffit qu'un animal ou un skieur passe pour que la neige dévale la pente. Plus elle descend, plus l'avalanche grossit et prend de la vitesse.

Pourquoi certains nuages sont blancs et d'autres gris ?

A. Les nuages gris sont plus épais.

B. Les nuages gris sont sales.

C. Les nuages gris contiennent de la neige.

Réponse : A. Quand les nuages sont fins, la lumière du Soleil passe mieux à travers : les nuages apparaissent blancs. Mais plus le nuage est épais et chargé en pluie, plus il empêche les rayons du Soleil de passer et plus il semble sombre.

Comment reconnaître les différents nuages ?

Comment se forment les nuages ?

A. Avec la fumée des avions.

B. Avec l'eau.

C. Avec la crème Chantilly.

Réponse : B. L'eau qui est sur la Terre (dans les rivières, les océans, les végétaux…) s'évapore sous l'effet de la chaleur du Soleil. Elle se transforme en vapeur d'eau, qui s'élève car elle est plus légère que l'air ; en altitude, au contact de l'air froid et des « poussières », l'eau forme les gouttelettes qui constituent les nuages.

Comment les nuages restent accrochés dans le ciel sans tomber ?

Les nuages sont constitués de fines gouttelettes d'eau, parfois de cristaux de glace. Ils restent suspendus dans le ciel car ces gouttelettes très légères sont portées par les courants d'air. Mais si la température baisse, les gouttelettes gèlent, deviennent plus lourdes et tombent : il pleut.

Pourquoi ne pleut-il pas dans le désert ?

Les nuages de pluie se forment surtout au-dessus des océans. Or les déserts s'étendent souvent dans des régions éloignées de la mer. Et les montagnes qui parfois les entourent stoppent les nuages venant des océans. Résultat, il ne pleut presque jamais.

Comment se forme la pluie ?

La pluie se forme à partir de la vapeur d'eau contenue dans l'air.

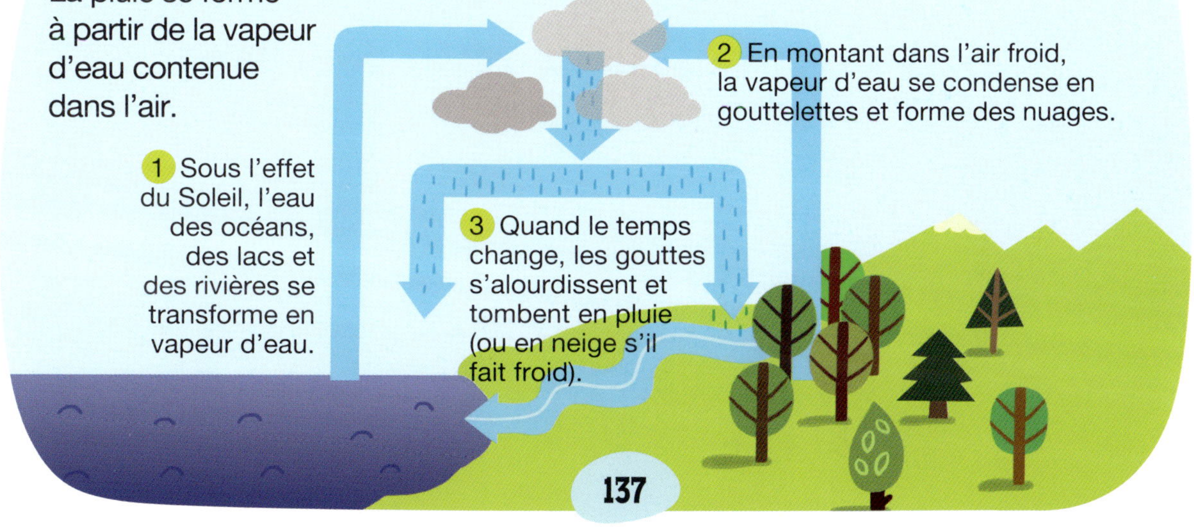

Comment se forme le brouillard ?

Quand l'air devient plus humide et se refroidit, une partie de la vapeur d'eau qu'il contient se transforme en eau liquide ou en glace : un nuage se crée au niveau du sol, c'est le brouillard. Quand il y a du vent, il disperse les gouttelettes et empêche le brouillard de se former.

Comment naissent les orages ?

Les orages se forment dans d'énormes nuages, les cumulonimbus. À l'intérieur de ces nuages, des courants d'air déclenchent de la pluie ou de la grêle. Ils créent aussi de l'électricité. Cette électricité provoque des éclairs et du tonnerre au contact du sol ou d'un autre nuage.

Pourquoi les éclairs zigzaguent ?

Les éclairs sont des immenses étincelles qui éclatent dans les nuages quand il y a des orages et partent en direction de la Terre. Ils suivent alors le chemin qui leur permettra d'atteindre le plus facilement le sol. Et ce n'est jamais un chemin tout droit !

Comment fait un éclair pour être en avance sur le coup de tonnerre ?

On entend souvent le tonnerre après l'éclair, alors qu'ils se déclenchent en même temps. En fait, la lumière se déplace beaucoup plus vite que le son : sa vitesse est d'environ 300 000 km par seconde, celle du son est de 340 mètres par seconde. C'est pourquoi on voit l'éclair avant d'entendre le tonnerre.

Comment la foudre se crée pendant un orage ?

À l'intérieur des nuages d'orage (cumulonimbus), les courants d'air secouent les gouttes d'eau et de glace si fort que le frottement entre elles crée de l'électricité. Celle-ci est attirée par tout ce qui dépasse sur la Terre (arbres, bâtiments) : des décharges électriques jaillissent alors des nuages, accompagnées d'éclairs et de tonnerre.

Pourquoi y a-t-il du vent ?

Pour qu'il y ait du vent, il faut que de l'air chaud et de l'air froid se rencontrent. L'air chaud va toujours vers l'endroit où l'air est plus froid et inversement : ce mouvement crée le vent.

Chez toi, ouvre une porte qui donne sur l'extérieur : la différence de température va provoquer un courant d'air.

Pourquoi y a-t-il des tremblements de terre ?

La surface de la Terre est formée de plaques géantes posées les unes contre les autres sur le magma (roches liquides et brûlantes), comme un grand puzzle. Quand il y a des secousses au centre de la Terre, ces plaques se frottent ou s'écartent, et parfois le sol bouge : ce sont les tremblements de terre.

Comment se forme une tornade ?

Une tornade se forme dans les grandes plaines, quand l'air est chaud au niveau du sol et froid dans le ciel.

Pourquoi la mer est bleue ?

La lumière du soleil est composée de rayons de différentes couleurs. Quand ils pénètrent dans l'eau, certaines couleurs comme le rouge ou le jaune sont absorbées : seul le bleu (et parfois le vert) est visible et donne sa couleur à la mer.

La mer est comme un miroir : quand les nuages sont gris, elle peut devenir grise aussi !

Pourquoi la mer monte et descend ?

C'est surtout à cause de la Lune ! Quand elle est face aux océans, elle les attire comme un aimant. Quand la mer s'éloigne des côtes, on dit qu'elle « descend » : c'est marée basse. Quand elle se rapproche, on dit qu'elle « monte » : c'est marée haute.

Dans la baie du Mont-Saint-Michel (Normandie), la mer s'éloigne parfois à 10 km des côtes !

Comment se forment les vagues ?

Quand le vent souffle sur l'océan, il pousse l'eau et crée des vagues à la surface, dont la forme varie selon la force et la durée du vent. Parfois, la marée qui remonte dans l'estuaire (zone où une rivière se jette dans la mer) de certains fleuves forme une vague.

Pourquoi la mer est salée ?

Depuis des millions d'années, les fleuves emportent de minuscules morceaux de sel cachés dans le sol avant d'aller se jeter dans la mer. Au cours du temps, la mer est devenue de plus en plus salée car, quand il fait chaud, l'eau s'évapore mais le sel reste !

Comment les océans sont apparus ?

Il y a 4 milliards d'années, la Terre était couverte de volcans qui rejetaient de la vapeur d'eau. Au contact de l'air plus froid, celle-ci s'est transformée en nuages, puis en pluie qui a formé les mers et les océans. Une partie de l'eau proviendrait aussi des météorites et des comètes.

Pourquoi y a-t-il des coquillages sur la plage ?

Comme les poissons, les pieuvres ou les tortues, les coquillages sont des êtres vivants. Bien au chaud dans leurs coquilles, certains vivent dans le sable ou accrochés à des rochers, d'autres se développent dans l'eau et sont apportés par la marée.

Pourquoi le sable est jaune ?

A. À cause de l'humidité.

B. À cause des roches et des coquillages.

C. À cause de la pollution.

Réponse : B. Le sable est composé de minuscules morceaux de roches et de coquillages accumulés depuis des millions d'années et qui lui donnent sa couleur. Ce mélange est souvent jaune, mais pas toujours : il existe des plages de sable noir !

Comment se forme le sable ?

Le vent qui souffle et les vagues qui s'abattent sans cesse sur les rochers finissent par les user. Cela forme des petits morceaux de roche qui se frottent les uns contre les autres pour former des milliards de grains de sable.

Comment fonctionnent les marées ?

La Lune attire l'eau des océans. Le côté de la Terre le plus proche de la Lune subit une attraction plus forte : l'eau monte, c'est la marée haute. Comme la Terre tourne sur elle-même, ce côté va bientôt se retrouver plus loin de la Lune : l'eau sera moins attirée et redescendra, c'est la marée basse.

Pourquoi la mer ne gèle pas en hiver ?

Dans les régions où il ne fait pas très froid, le sel contenu dans la mer retarde la formation de la glace. Mais quand la température de l'eau est inférieure à –2 °C, comme aux pôles, la mer gèle et forme la banquise.

Place 2 verres d'eau dans le congélateur, un avec du sel et l'autre sans : l'eau du premier gèlera moins vite.

Comment se forme un raz de marée ?

A. Quand il y a un cyclone en mer.

B. Quand on tire trop de chasses d'eau.

C. Quand l'eau bout et déborde.

Réponse : A. Le raz de marée (vague allant de 20 à 30 mètres de haut) se produit quand les vents d'un cyclone en mer déplacent de grandes quantités d'eau. Celles-ci forment une énorme vague qui vient s'écraser sur la côte et provoque des inondations.

Comment se forme un lac ?

A. Quand une mer s'assèche.

B. Quand une comète tombe.

C. Dans une cuvette.

Réponse : C. L'eau de pluie, des rivières ou de la fonte des glaciers s'accumule pour former un lac dans les creux du sol, là où la roche est imperméable. Ces creux sont formés par d'anciens glaciers, des éboulements ou encore des coulées de lave. On crée aussi des lacs artificiels en construisant des barrages.

Pourquoi le ciel est bleu ?

La lumière du Soleil est composée de rayons de différentes couleurs : bleus, rouges, violets… Quand ils arrivent sur Terre, les rayons bleus rebondissent sur la couche d'air qui entoure et protège notre planète, l'atmosphère, comme sur un bouclier ! Ils remplissent alors le ciel de leur couleur.

Comment se forment les arcs-en-ciel ?

La lumière est composée de rayons de toutes les couleurs, dont le mélange donne une sorte de blanc. Après ou pendant une averse, les gouttes d'eau renvoient la lumière du Soleil comme un miroir et séparent les rayons qui la composent. Les couleurs apparaissent alors en dégradé les unes à côté des autres : c'est l'arc-en-ciel.

Pourquoi ne peut-on pas toucher un arc-en-ciel ?

L'arc-en-ciel est constitué de rayons lumineux, c'est pour cela qu'on ne peut pas le toucher ! Il apparaît lorsque la lumière du Soleil rencontre des gouttes d'eau et que ses rayons colorés passent à travers elles. Contrairement à ce que l'on croit, l'arc-en-ciel ne touche pas du tout le sol.

Comment naissent les montagnes ?

La croûte terrestre est composée d'immenses plaques qui se déplacent sur le magma (des roches visqueuses et brûlantes). Quand 2 plaques se rencontrent, soit l'une passe sous l'autre (qui se plisse), soit elles s'écrasent l'une contre l'autre. Dans les 2 cas, elles donnent naissance à des montagnes !

Pourquoi fait-il froid en haut des montagnes ?

L'atmosphère, la couche d'air qui enveloppe la Terre, retient la chaleur du Soleil à la surface de la Terre : sans elle, la Terre serait gelée ! Mais en haut des montagnes, cette couche est moins épaisse et une partie de la chaleur s'échappe : il fait donc plus froid.

Comment se forment les stalactites ?

Dans les grottes, des gouttelettes d'eau s'infiltrent depuis la surface en attaquant les roches. En sortant, l'eau dépose des cristaux de calcaire qui s'accumulent pour former de longues pointes de pierre accrochées au plafond, les stalactites.

Les pointes de pierre qui partent du sol sont des stalagmites.

Comment se forment les grottes ?

Quand il pleut, l'acide contenu dans l'eau attaque les roches et s'infiltre par les fissures. Celles-ci s'agrandissent jusqu'à former des grottes. Cette érosion est très lente, mais parfois elle s'accélère quand une rivière s'engouffre sous terre, creusant ainsi puits et tunnels.

Comment les volcans entrent en éruption ?

Sous la Terre, le magma (des roches très chaudes et pâteuses) remue sans cesse. Il produit des gaz qui forment une poche, laquelle pousse le magma contre l'écorce terrestre. Celle-ci craque parfois et laisse passer la lave, du gaz, des cendres et de la vapeur d'eau : le volcan est en éruption !

Comment la Terre est apparue ?

Au départ, l'Univers était une sorte de bouillie très chaude, le Big Bang, qui s'est étendue et refroidie. De minuscules éléments de matière se sont alors assemblés pour former les étoiles, comme le Soleil, puis les planètes, comme la Terre, il y a environ 4,5 milliards d'années.

Comment est l'intérieur de la terre ?

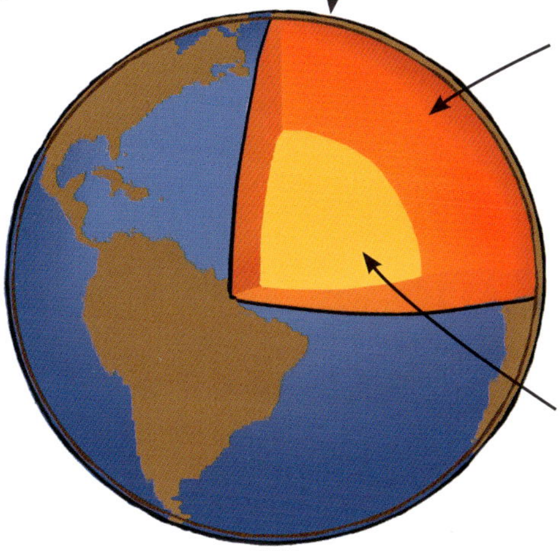

Comment les continents se sont formés ?

Il y a 250 millions d'années, il n'y avait qu'un seul grand continent : la Pangée. Au fil du temps, la Pangée s'est brisée en plusieurs morceaux. Puis ces morceaux se sont éloignés les uns des autres, laissant la mer s'engouffrer entre eux.

Pourquoi ne peut-on pas vivre sur d'autres planètes ?

Parce qu'il n'y a pas d'air pour respirer, ou de sol pour marcher ! Certaines planètes sont des boules de gaz comme Jupiter ou Saturne. Sur d'autres, comme Vénus, il fait 20 fois plus chaud que sur la Terre ! Des planètes éloignées sont peut-être habitables, mais on ne les connaît pas encore.

Comment c'est dans l'espace ?

A. Bleu et pétillant.

B. Brillant et bruyant.

C. Noir et silencieux.

Réponse : C. Dans l'espace, tout est noir s'il n'y a pas d'étoile ou de planète pour réfléchir la lumière du Soleil. Tout est silencieux, car il n'y a pas d'atmosphère. C'est elle qui permet aux sons de se déplacer et donne la couleur bleue à notre ciel. Et ça ne sent pas bon, une odeur de fumée et de métal !

Pourquoi le Soleil est jaune ?

Le Soleil envoie surtout des rayons jaunes et bleus vers la Terre. Les rayons bleus sont stoppés par la couche d'air qui entoure la Terre (l'atmosphère). Les rayons jaunes, eux, la traversent. C'est pourquoi le Soleil prend cette couleur jaune quand on l'observe depuis notre planète.

Pourquoi le Soleil ne brille pas tous les jours ?

Le Soleil brille tous les jours, mais parfois les nuages sont si épais qu'ils le cachent entièrement. Sans lui, il n'y aurait pas de vie sur Terre, car ses rayons apportent la lumière et la chaleur indispensables aux êtres vivants.

Si tu sèmes des graines dans un pot et que tu le laisses dans le noir, elles ne pousseront pas.

Pourquoi y a-t-il le jour et la nuit ?

La Terre tourne sur elle-même en un jour. Pendant la journée, nous sommes du côté du Soleil : il fait très clair, c'est le jour. Lorsque nous sommes de l'autre côté, nous ne voyons plus le Soleil et nous sommes dans l'ombre : le ciel est noir, il fait nuit.

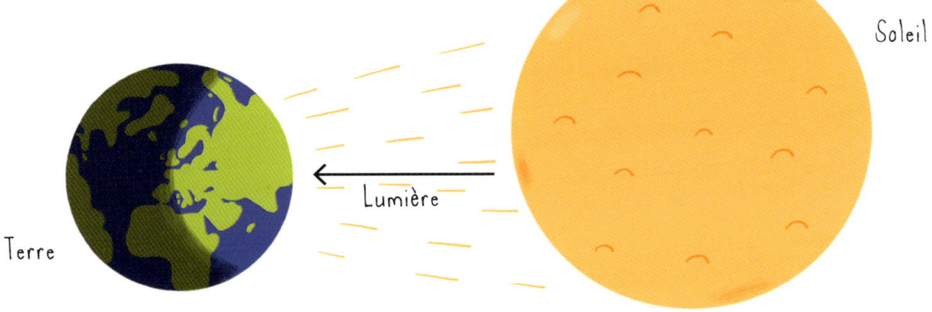

Comment se forme une éclipse de Soleil ?

Une éclipse de Soleil se forme quand la Lune, qui tourne autour de notre planète, passe entre le Soleil et la Terre. Quand elle le cache presque totalement, le Soleil semble disparaître et il fait nuit en plein jour !

Dans l'Antiquité, les Égyptiens pensaient qu'un crocodile géant avalait le Soleil.

Comment sait-on que le Soleil est plus gros que la Lune ?

On a l'impression que le Soleil et la Lune sont de la même taille. Pourtant le Soleil est 400 fois plus gros que la Lune ! C'est parce qu'il est 400 fois plus loin qu'elle de la Terre qu'il a l'air de la même taille.

Comment le Soleil peut nous chauffer ?

Le Soleil est une grosse boule de gaz qui produit de la chaleur et de la lumière. La chaleur reste prisonnière du soleil. La lumière, elle, se déplace dans l'espace sous forme de rayons. Au contact de la couche d'air qui entoure la Terre (l'atmosphère), une partie des rayons se transforme en chaleur.

Comment naissent les étoiles ?

Les étoiles naissent à partir d'un nuage de gaz et de poussières qui se collent. Ce nuage se resserre en formant un tourbillon, comme une petite tornade. Plusieurs centaines ou milliers d'années après, une boule de gaz chaud se forme : l'étoile est née.

Les étoiles brillent pendant plusieurs milliards d'années.

Comment sait-on que la Terre est ronde ?

Dans l'Antiquité, des savants l'avaient découvert par des calculs. Mais le navigateur portugais Magellan a été le premier à le montrer en en faisant le tour : parti d'Espagne en 1519, un de ses équipages y est revenu 3 ans plus tard, après avoir vu l'Amérique, l'Asie, puis l'Afrique.

Pourquoi voit-on les étoiles seulement la nuit ?

Quand il fait jour, les étoiles brillent aussi mais comme leur lumière est moins forte que celle du Soleil, on ne les voit pas. Quand il fait nuit et que le Soleil n'est plus là, leur lumière est plus facilement visible.

Si tu allumes une lampe de poche en plein jour, sa lumière n'est pas visible !

Pourquoi les étoiles brillent ?

Les étoiles sont comme des petits soleils : ce sont des boules de gaz qui brûlent en permanence et produisent leur propre lumière. Généralement, plus elles sont éloignées de la Terre et plus leur lumière nous semble faible.

Les étoiles semblent blanches mais, selon leur température, elles sont jaunes, rouges ou bleues.

Comment font les étoiles filantes pour laisser des traces ?

Les étoiles filantes ne sont pas constituées de gaz comme les étoiles, mais de roches, de glace ou de poussières : ce sont des météores qui traversent le système solaire. En passant dans l'atmosphère, ils brûlent, ce qui crée des traînées lumineuses derrière eux.

Comment les météorites peuvent tomber sur la Terre ?

Il y a de nombreuses météorites (roches ou blocs de fer) dans l'espace. Quand elles passent à proximité de la Terre, certaines sont attirées par notre planète. Elles pénètrent dans l'atmosphère (la couche d'air qui entoure la Terre), puis tombent sur le sol.

Pourquoi la Lune brille ?

En réalité, la Lune ne brille pas : elle est éclairée par le Soleil. Seules les étoiles brillent, car elles produisent de la lumière. La Lune, elle, ne fait que refléter la lumière du Soleil, un peu comme un miroir. C'est pourquoi on a l'impression qu'elle brille.

Comment fait la Terre pour tourner autour du Soleil ?

Le Soleil attire vers lui la Terre et les autres planètes. Dans le même temps, l'espace exerce une force qui les attire dans l'autre sens, ce qui les empêche de s'écraser sur le Soleil. Les planètes réagissent à ces 2 forces contraires en tournant autour du Soleil.

Comment est le ciel quand on est sur la Lune ?

Sur la Lune, le ciel n'est pas bleu mais noir, car il n'y a pas d'atmosphère pour retenir la lumière du Soleil. Mais on aperçoit la Terre, avec ses mers et ses océans tout bleus. Et on voit aussi des milliards d'étoiles briller dans le noir !

Pourquoi ne sent-on pas la Terre tourner ?

Parce qu'on bouge en même temps qu'elle ! Il est impossible de sentir son mouvement, un peu comme dans une voiture : on sent qu'elle se déplace au départ et à l'arrivée mais, pendant le voyage, on ne s'en rend plus compte.

Comment tient-on sur la Terre alors qu'elle est ronde ?

Notre planète attire vers son centre les êtres vivants et les objets qui se trouvent à sa surface. C'est pour cela que nous avons les pieds sur le sol à n'importe quel endroit de la Terre.

C'est aussi pour cela que lorsqu'on lâche un objet, il tombe toujours vers le bas. Cette force s'appelle la « gravitation ».

Pourquoi les journées sont plus courtes en hiver ?

En même temps qu'elle tourne autour du Soleil, la Terre est inclinée sur le côté. En hiver, l'hémisphère nord est plus éloigné du soleil : il est éclairé moins longtemps, les journées y sont donc plus courtes. En été, c'est l'inverse.

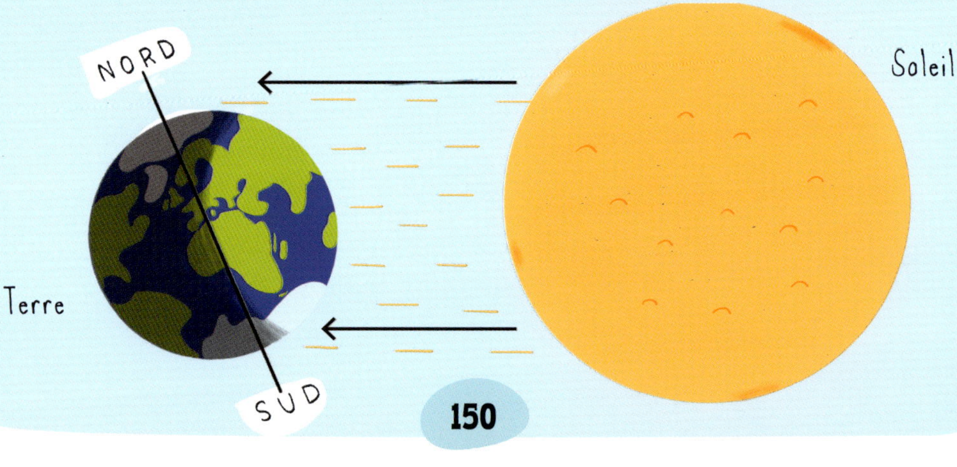

Pourquoi fait-il froid au pôle Nord et au pôle Sud ?

Comme la Terre est ronde, le pôle Nord et le pôle Sud sont plus loin du Soleil que l'équateur : ils reçoivent moins de rayons lumineux, donc moins de chaleur. Au pôle Sud, la température est d'environ –50 °C, presque 3 fois plus froide que dans un congélateur !

Comment se forme la banquise ?

Au pôle Nord et au pôle Sud, comme il fait très froid l'hiver, l'eau de la mer gèle sur plusieurs mètres d'épaisseur. Elle forme une immense plaque de glace, la banquise, qui flotte et se déplace. Elle se casse parfois au printemps quand la température plus élevée fait fondre la glace.

Comment a-t-on découvert la planète Mars ?

L'homme connaît Mars depuis qu'il observe le ciel ! Dans l'Antiquité, déjà, les astronomes savaient la reconnaître, avec Mercure, Vénus, Jupiter et Saturne. Ces 5 planètes, les plus proches de la Terre, sont visibles à l'œil nu : elles sont plus grosses que les étoiles et ne brillent pas. Mars est un peu rouge.

Comment sait-on si la vie est possible sur les autres planètes ?

Dans l'espace, des télescopes recherchent sur les autres planètes les éléments qui ont permis à la vie d'apparaître sur Terre (eau, chaleur, carbone…). Et pour l'instant, on n'a rien trouvé !

L'Univers comporte des milliards de galaxies inexplorées.

Comment devient-on astronaute ?

Il faut avoir 27 à 37 ans, avoir une expérience de pilote et parler anglais. L'Agence spatiale européenne fait passer des tests : logique, mémoire, orientation dans l'espace, examen médical et psychologique… Les derniers candidats encore en compétition peuvent passer l'entretien d'embauche !

Comment les astronautes se nourrissent dans l'espace ?

Dans l'espace, tout flotte ! Les astronautes utilisent donc un plateau sur lequel on peut fixer les sachets ou les boîtes de nourriture. Ils mangent des plats cuisinés comme à la maison, qu'ils font réchauffer dans un four.

Comment les astronautes font pipi dans l'espace ?

A. Ils font par le hublot.

B. Ils font dans un tuyau.

C. Ils se retiennent.

Réponse : B. Dans la navette spatiale, comme ils sont en apesanteur, les astronautes doivent s'attacher avec une ceinture et se tenir à des poignées pour ne pas s'envoler dans les toilettes ! Celles-ci fonctionnent sans eau : hommes et femmes doivent se servir d'un tuyau installé là pour faire pipi dedans.

Comment décolle une fusée ?

Quand le moteur se met en marche, des gaz brûlants s'échappent du dessous de la fusée, vers le sol, ce qui pousse l'engin dans la direction inverse, vers le ciel. Il lui faut une vitesse suffisamment grande pour échapper à l'attraction de la Terre et parvenir dans l'espace. Une navette spatiale vole à la vitesse d'environ 26 000 km/h.

Comment les hommes sont allés sur la Lune ?

A. En vaisseau spatial.

B. En avion supersonique.

C. En montgolfière.

Réponse : A. En 1969, le vaisseau américain *Apollo 11* a été lancé dans l'espace. Une partie du vaisseau a continué à tourner autour de la Lune avec Michael Collins à bord, tandis que l'autre partie transportant Neil Armstrong et Buzz Aldrin s'est détachée pour atterrir sur la Lune.

Comment les fusées reviennent sur la Terre ?

Les fusées envoient des hommes ou des satellites dans l'espace, mais elles ne reviennent pas : les passagers retournent sur Terre à bord d'une capsule, et les restes de la fusée flottent dans l'espace. Seules les navettes spatiales reviennent, car elles sont pilotées comme un avion.

Comment fonctionne un satellite ?

Le satellite est lancé dans l'espace par une fusée. Il est équipé de panneaux solaires qui captent l'énergie dont il a besoin pour communiquer avec la Terre. Il est pourvu d'appareils qui transmettent les communications téléphoniques ou des images météo, par exemple.

Comment les habitants du désert font pour ne pas s'y perdre ?

Les nomades du désert se repèrent grâce à la position du Soleil (qui se lève à l'est et se couche à l'ouest) et à des groupes d'étoiles (qui ne bougent pas). Ils s'orientent aussi par rapport aux dunes et aux vaguelettes dans le sable, formées par le vent qui souffle souvent dans la même direction.

Comment la Grande-Bretagne est devenue une île ?

Il y a 120 000 ans, le nord de l'Europe était recouvert par la glace et la Grande-Bretagne était reliée au continent par une plaine. Quand cette période de glaciation a pris fin, il y a environ 10 000 ans, le climat s'est réchauffé et les eaux des océans sont montées : la Grande-Bretagne est devenue une île.

Pourquoi les yeux des chats brillent dans l'obscurité ?

Au fond des yeux des chats se trouve une sorte de peau qui renvoie la lumière comme un miroir : cette peau que l'on voit briller leur permet d'attraper la moindre lumière et donc de mieux voir dans l'obscurité.

Éclaire un miroir avec une lampe torche : la lumière s'y reflète comme dans les yeux d'un chat !

Animaux

Pourquoi les chats retombent toujours sur leurs pattes ?

En réalité, ce n'est pas toujours le cas ! Quand il tombe, le chat, qui a un excellent sens de l'équilibre, arrive le plus souvent à se retourner pour atterrir sur ses pattes. Mais parfois, il n'en a pas le temps… Il peut donc aussi se faire mal, comme toi, lorsque tu tombes dans la cour de récré.

Pourquoi les chats n'aiment pas l'eau ?

A. À cause de leurs ancêtres.

B. Ils ne savent pas nager.

C. L'eau rentre dans leurs oreilles.

Réponse : A. On pense que les ancêtres des chats vivaient dans les déserts, où l'eau était rare. Comme ils ne vivent à proximité de l'eau « que » depuis quelques milliers d'années, les chats ne se seraient toujours pas habitués, d'où leur peur de l'eau.

Pourquoi les chats ont une queue ?

Tout d'abord, la queue du chat lui permet de garder son équilibre quand il marche ou quand il saute. Elle donne aussi de nombreuses indications sur son humeur : quand le chat bouge sa queue, c'est qu'il n'est pas content ; quand il la met entre ses pattes arrière, il montre qu'il a peur.

Pourquoi les chats dorment beaucoup ?

Pour courir vite, sauter haut et chasser, le chat dépense beaucoup d'énergie. Il a besoin de beaucoup de sommeil pour récupérer (16 heures par jour environ quand ils sont adultes). Et comme il vit la nuit et dort le jour, on croit qu'il dort tout le temps !

Pourquoi les chats ronronnent ?

A. Parce qu'ils sont contents.

B. Parce qu'ils sont inquiets.

C. Parce qu'ils ont mal.

Réponse : les 3. Les chats ne ronronnent pas uniquement de plaisir, mais aussi pour d'autres raisons, comme l'inquiétude, la douleur ou la peur. Le ronronnement est un moyen de s'exprimer qui parfois remplace le miaulement.

Pourquoi les chats ont des moustaches ?

Les moustaches des chats sont très sensibles aux mouvements de l'air. Elles leur permettent de sentir si quelque chose bouge à côté d'eux (une proie ou un danger, par exemple) ou si le vent leur sera favorable avant d'effectuer un grand saut ! C'est très pratique pour un animal qui se balade la nuit !

Comment les chats peuvent voir la nuit ?

A. Grâce à leurs pupilles très sensibles.

B. Grâce à leurs lunettes.

C. Grâce à leurs moustaches.

Réponse : A. La pupille du chat s'adapte à la lumière. En plein soleil, elle devient une simple fente verticale. La nuit, elle s'agrandit en cercle pour capter la moindre lueur. Celle-ci est réfléchie par une sorte de peau située au fond de l'œil. Dans le noir total, le chat ne voit rien !

Pourquoi les chiens tirent la langue ?

Quand ils ont trop chaud, les chiens ne transpirent pas. Alors ils tirent la langue et respirent très fort : la salive s'évapore et cela les rafraîchit momentanément.

Passe tes doigts sous l'eau, puis expose-les au vent : tu sentiras du froid !

Pourquoi les chiens remuent la queue ?

Les mouvements de la queue d'un chien sont un moyen de s'exprimer. Quand il la remue joyeusement, c'est qu'il est content ou excité. Si sa queue se dresse, c'est peut-être le signe qu'il est en colère. Quand un chien cache sa queue entre ses pattes arrière, c'est généralement parce qu'il a peur.

Pourquoi les chiens se reniflent le derrière ?

A. Pour faire connaissance.

B. Pour faire honte à leur maître.

C. Pour se parfumer le museau.

Réponse : A. Les chiens font ainsi connaissance, car la zone située autour de leur derrière émet des odeurs qui donnent des renseignements sur leur sexe, leur âge, leur caractère ou leur santé.

Pourquoi les chiens ont la truffe humide ?

L'odorat des chiens est très développé. Il ne fonctionne que si la truffe et l'intérieur du nez sont humides. Grâce à lui, le chien repère des odeurs que l'homme ne sent pas : certains chiens très entraînés peuvent repérer des personnes ensevelies sous la neige.

Si la truffe est sèche, c'est parfois parce que le chien est malade.

Comment apprivoise-t-on un animal ?

Chaque jour, il faut essayer de l'attirer sans lui faire peur, sans bouger, en tenant dans la main de la nourriture qu'il aime. Une fois qu'il est habitué à notre présence, on peut tenter de le caresser. Ensuite, on peut lui apprendre quelques tours en lui donnant des récompenses !

Pourquoi les poules n'ont pas de dents ?

Il y a plus de 200 millions d'années, les ancêtres des poules avaient des dents. On pense que comme les poules se nourrissaient principalement de graines, leur mâchoire s'est lentement transformée en bec, plus utile pour picorer.

Les crocodiles ont le même ancêtre préhistorique que les poules, mais ils ont gardé toutes leurs dents.

Pourquoi les coqs chantent le matin ?

Le coq chante pour dire qu'il est le roi de la basse-cour ! Et comme il est très en forme le matin, il réveille tout le monde dès l'aube. Son chant se poursuit tout au long de la journée, mais on l'entend moins car il y a plus de bruits.

Comment les aigles peuvent voir une souris de si haut ?

L'œil de l'aigle, gros et profond, agrandit l'image comme un télescope. Le fond de son œil comporte 2 zones : une pour regarder au loin, l'autre pour agrandir l'image ! Il peut ainsi détecter une proie à plus de 1 000 m sous lui.

L'aigle a une vision 3 à 8 fois plus précise que celle de l'homme.

Comment les oiseaux communiquent entre eux ?

Ils communiquent en chantant et en bougeant : quand un mâle veut montrer que son territoire lui appartient, il chante très fort et vole en déployant ses ailes devant les intrus. Chaque espèce chante de façon différente, ce qui permet par exemple à une femelle de repérer un mâle pour se reproduire.

Comment les hirondelles font leur nid ?

L'hirondelle niche contre des rochers ou sous les bordures de toit. Pendant 3 à 4 semaines, elle fabrique plus de 1 000 petites boules en terre, qu'elle dispose côte à côte, avec des brins d'herbe secs pour les faire tenir. Puis, elle tapisse le fond de mousse.

Comment les oiseaux volent ?

Les oiseaux peuvent voler grâce à leur squelette très léger et à leurs 2 ailes. Quand ils déplient leurs plumes, la surface des ailes augmente, ce qui leur permet de prendre appui sur une plus grande quantité d'air. Puis, ils battent des ailes pour rester en l'air, ou planent sur les courants d'air.

Pourquoi les hirondelles reviennent au printemps ?

Les hirondelles sont des oiseaux migrateurs : elles quittent notre pays à l'automne, quand le froid arrive et que la nourriture commence à manquer. Elles passent l'hiver dans les pays chauds et reviennent au printemps chez nous, pour y retrouver un climat doux et une nourriture à nouveau abondante.

Comment les perroquets font pour parler ?

Le perroquet est un très bon imitateur. Grâce à sa langue petite et épaisse, il peut répéter les cris des autres oiseaux ou les paroles qu'il entend. Mais il ne parle pas vraiment et est incapable de faire des phrases.

D'autres oiseaux savent reproduire les paroles et les bruits. Le mainate peut imiter la sonnerie du téléphone !

Pourquoi les oiseaux ont des plumes ?

Les plumes des oiseaux leur servent à mieux prendre appui sur l'air et à se diriger quand ils volent. Celles situées sous la queue agissent comme un gouvernail ! Les plumes les protègent aussi contre le froid, le soleil et la pluie. Et, parfois, les mâles s'en servent pour être les plus beaux et séduire les femelles !

Comment les chouettes voient dans le noir ?

Les yeux de la chouette sont environ 100 fois plus sensibles que ceux de l'homme. Et surtout, elle se repère au bruit quand elle chasse. Son « masque » autour des yeux capte et amplifie le moindre petit bruit.

Comment la poule fabrique un œuf ?

A. En mangeant des cailloux.

B. Elle achète une coquille et la remplit.

C. Grâce à son système de reproduction.

Réponse : C. La poule fabrique un œuf en 10 jours environ : elle produit un ovule (petit œuf) qui grossit peu à peu pour devenir un « jaune » qui s'entoure de blanc (albumen), puis de 2 couches dont la dernière, fabriquée grâce à des sels minéraux, forme la coquille.

Pourquoi les poules pondent des œufs ?

Tous les animaux fabriquent des œufs pour assurer leur reproduction. Chez les mammifères, l'œuf grandit à l'intérieur du corps de la femelle. Mais chez les poules, l'œuf est expulsé et le poussin se développe dans sa coquille, à l'extérieur du corps de sa mère.

Comment les poussins respirent dans l'œuf ?

La coquille d'un œuf est percée de milliers de trous minuscules. L'air entre par ces trous et est stocké dans une poche au sommet de l'œuf. L'oxygène de l'air traverse la petite peau qui protège le poussin : il n'a plus qu'à respirer !

Plonge un œuf dans l'eau : de petites bulles apparaissent, car l'air sort par les trous.

Pourquoi les œufs ne se cassent pas quand la poule les pond ?

A. Les poules pondent sur un coussin.

B. On récupère l'œuf avant qu'il ne touche le sol.

C. La coquille est très solide.

Réponse : C. La matière de la coquille (faite de calcium, comme les os) et sa forme ovale donnent à l'œuf une grande solidité.

Comment les poussins sortent de leur œuf ?

Quand le petit est prêt à sortir de son œuf, il utilise la petite pointe dure située au bout de son bec pour briser sa coquille. Chez la cigogne, le premier sorti picore les coquilles des autres pour les aider. S'ils n'y arrivent pas, leur mère donne un coup de bec !

Comment les chauves-souris volent dans le noir ?

La chauve-souris n'a pas d'yeux surpuissants ! Elle émet des ultrasons (des sons très aigus qu'on ne peut pas entendre) qui lui renvoient un écho quand ils rencontrent un obstacle : elle connaît alors sa taille et sa position.

Le dauphin aussi émet des signaux sonores pour repérer ses proies et ses copains !

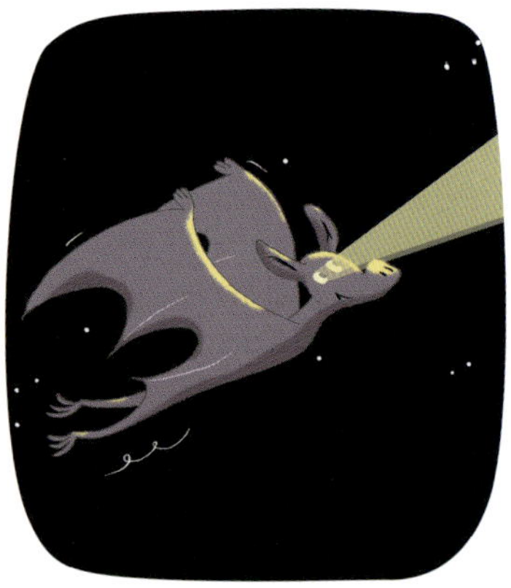

Comment font les oiseaux migrateurs pour ne pas se perdre ?

Pour trouver leur chemin, les oiseaux migrateurs se servent de la position du Soleil et des étoiles, du paysage, des odeurs... Tous gardent en mémoire les chemins empruntés par les autres oiseaux avant eux.

L'éléphant lui aussi se souvient du chemin pris par ses ancêtres pour aller trouver de l'eau.

Comment les oiseaux apprennent à voler ?

Les oiseaux apprennent à voler tout seuls, sans l'aide de leurs parents. Mais avant le grand saut, ils s'entraînent : une fois qu'ils ont assez de muscles et toutes leurs plumes (entre 2 semaines et quelques mois), ils font des exercices d'équilibre sur le bord du nid et battent des ailes.

Pourquoi les oiseaux battent des ailes ?

Au décollage, les oiseaux battent rapidement des ailes pour se donner de l'élan. Une fois dans les airs, ils volent de différentes manières : ils planent en se laissant porter par les courants d'air ou font des descentes à grande vitesse (en piqué).

Le colibri, un petit oiseau d'Amérique, est capable de voler en marche arrière !

Pourquoi certains oiseaux volent en groupe ?

Certains oiseaux, comme les oies ou les hirondelles, volent en groupe pour se protéger des prédateurs, comme les rapaces. Si l'oiseau est seul, il est une proie très facile qui ne peut pas se défendre. Le groupe, par sa taille, impressionne les aigles et les faucons : les oiseaux sont alors plus difficiles à attaquer.

Pourquoi les coccinelles ont des points ?

Non, ces points ne nous donnent pas l'âge de ces petits insectes ! Ils permettent simplement de reconnaître les différentes espèces à 2, 7, 10 ou même 22 points.

On dit que les coccinelles sont les amies des jardiniers, car elles mangent les insectes qui abîment les plantes.

Pourquoi les mouches aiment le caca ?

Certaines mouches mangent des déchets comme le caca ou ce qu'elles trouvent dans les poubelles. C'est parce qu'elles sont attirées surtout par les odeurs fortes, qu'elles soient agréables à l'homme ou non.

Ces mouches pondent leurs œufs dans le caca : ainsi, les bébés mouches pourront se nourrir dès leur naissance !

Comment font les mouches pour marcher au plafond ?

La mouche a des coussinets poilus à l'extrémité de ses 6 pattes. Ceux-ci sont couverts d'une sorte de colle qui leur permet de tenir aux parois comme des ventouses : vitres, plafonds, rien n'arrête la mouche ! Pour avancer, elle ne lève que 3 pattes à la fois pour ne pas tomber.

Pourquoi les mouches se frottent les pattes ?

A. Pour se réchauffer.

B. Pour se débarrasser de la poussière.

C. Pour faire de la musique.

Réponse : B. Les mouches se frottent les pattes pour se débarrasser des poussières qui les recouvrent. Leurs pattes sont munies de minuscules poils qui doivent rester très propres pour bien détecter la chaleur, les odeurs ou la nourriture.

Comment les abeilles fabriquent le miel ?

Avec sa trompe, l'abeille butineuse aspire le nectar des fleurs, un liquide sucré. Une fois à la ruche, elle confie sa récolte aux ouvrières « receveuses » qui la digèrent et la déposent dans les alvéoles. Enfin, les « ventileuses » battent des ailes pour que l'eau contenue dans le miel s'évapore !

Pourquoi les abeilles ont une reine ?

A. Elle est la mère de toutes les abeilles.

B. Elle fait tout le miel.

C. Elle a été choisie par les autres.

Réponse : A. La reine est la seule à pondre des œufs. C'est pourquoi on l'appelle ainsi. Elle donne naissance à toutes les autres abeilles, les ouvrières, qui récoltent le pollen sur les fleurs ou participent à la fabrication du miel dans la ruche. La reine peut pondre plusieurs milliers d'œufs par jour.

Comment les abeilles communiquent ?

Les abeilles se parlent en bougeant leurs antennes, en émettant des odeurs et en dansant : selon leur trajet et la vitesse à laquelle elles battent des ailes, elles transmettent un message différent.

Danse en 8 (l'abeille fait des zigzags, puis 2 demi-cercles) : bon coin pour butiner à plus de 100 mètres de la ruche.

Danse en cercle (l'abeille fait un cercle dans un sens, puis dans l'autre) : bon coin pour butiner à moins de 25 mètres de la ruche.

Pourquoi les fourmis marchent à la queue leu leu ?

A. Pour ne pas se perdre.

B. Pour jouer.

C. Pour faire des dessins sur le sol.

Réponse : A. Les fourmis marchent en file indienne pour ne pas se perdre. Quand la première fourmi sort de la fourmilière, elle laisse une odeur derrière elle. Elle indique ainsi le chemin et toutes les autres la suivent en ligne !

Comment est organisée une fourmilière ?

Dans un arbre, sous un rocher ou dans un pré, les fourmis creusent des galeries avec leurs mandibules (mâchoires). Ces galeries relient différentes salles.

Pourquoi ne voit-on des moustiques qu'en été ?

Pour vivre et se reproduire, les moustiques ont besoin de chaleur et d'humidité. C'est pour cette raison qu'ils sont si nombreux en été, près des rivières, des lacs, des mares ou encore des marais. Quand l'hiver arrive, ils s'endorment en attendant le retour des beaux jours.

Pourquoi les moustiques font du bruit en volant ?

A. C'est pour nous avertir de leur arrivée.

B. C'est leur façon de chanter.

C. C'est le bruit de leurs ailes.

Réponse : C. Lorsqu'ils volent, les moustiques battraient des ailes jusqu'à 2 000 fois par seconde. Cette vibration rapide produit ce son particulier qui agace les humains !

Pourquoi les moustiques piquent ?

Chez les moustiques, seule la femelle pique ! Pour que ses œufs se développent, elle a besoin de boire un peu de sang. C'est pour cette raison qu'elle a une trompe capable de percer la peau, contrairement aux mâles qui ne se nourrissent que du nectar des fleurs. Les moustiques piquent autant les hommes que les animaux.

Pourquoi les insectes tournent autour des lumières ?

Quand ils volent la nuit, les insectes se repèrent grâce à la Lune. Alors, quand ils voient une lumière, un lampadaire par exemple, ils pensent que c'est elle ! Ils ne peuvent plus se repérer et tournent en rond autour de la lumière.

Comment sait-on où est la tête du ver de terre ?

A. C'est du côté où il sourit.

B. C'est du côté où il mange.

C. Il n'a pas de tête.

Réponse : B. On ne distingue pas vraiment de tête chez le ver de terre. Mais comme sa bouche est située à l'une des extrémités de son corps et qu'il avance la tête la première (parce qu'il se nourrit en même temps qu'il creuse des galeries), on peut la retrouver !

Comment les vers à soie fabriquent leur cocon ?

Le ver à soie (ou chenille du papillon bombyx) produit une sorte de bave. En durcissant, cette bave devient un fil de soie. Le ver accroche d'abord du fil aux branches d'un arbre pour en faire un filet. Ensuite, suspendu dans ce filet, il tisse un cocon de soie autour de lui, en tournant sur lui-même.

Comment la chenille devient papillon ?

En quelques semaines ou plusieurs mois, la petite chenille traverse plusieurs étapes pour se transformer en chrysalide, puis en papillon.

Comment fait le ver luisant pour briller ?

A. Il a une torche.

B. Grâce à une réaction chimique.

C. En nettoyant bien son corps.

Réponse : B. Les organes situés sous le ventre du ver luisant femelle produisent de la lumière grâce à une réaction chimique. La femelle redresse l'extrémité de son corps pour émettre des signaux lumineux. Pratique pour attirer un mâle dans la nuit !

Pourquoi les araignées tissent une toile ?

L'araignée tisse sa toile entre les branches d'un arbre ou dans des coins de murs. Comme les fils sont fins, transparents et très collants, elle peut capturer les insectes qui ne les voient pas et se trouvent pris au piège avant d'être mangés !

Comment les araignées fabriquent leur fil ?

Dès sa naissance, l'araignée peut fabriquer des fils de soie. Elle produit un liquide qu'elle fait sortir plus ou moins vite de son abdomen pour créer différentes sortes de fils : solides pour soutenir la toile, fins pour détecter les vibrations, secs pour se déplacer ou collants pour piéger ses proies !

Comment fait l'araignée pour tuer sa proie ?

A. Elle lui fait peur.

B. Elle lui fait des chatouilles.

C. Elle lui fait une piqûre.

Réponse : C. Sur sa toile, l'araignée enveloppe sa proie dans les fils de soie que produit son abdomen. Ainsi, l'insecte reste vivant et bien frais jusqu'à l'heure du repas. Quand l'araignée a faim, elle lui injecte avec ses crochets situés sous la bouche une substance qui rend l'insecte tout liquide, et elle l'aspire comme si elle buvait à la paille !

Pourquoi les escargots bavent ?

Les escargots se déplacent grâce à l'énorme muscle qui leur sert de pied. Et la bave qu'ils produisent leur permet de glisser plus vite, et même de grimper sur les murs !

Passe ton doigt sec sur une vitre en appuyant, puis recommence avec ton doigt mouillé : c'est plus facile avec de l'eau, non ?

Comment les escargots se reproduisent ?

Même s'il a des organes mâle et femelle, l'escargot ne peut pas se reproduire tout seul. Quand 2 escargots se rencontrent, chacun sort une sorte de poche placée sous l'œil pour passer ses « petites graines » dans le corps de l'autre. Puis, chacun fabrique des œufs qui seront fécondés par ces « petites graines ».

Comment respire l'escargot ?

A. Avec un masque.

B. Grâce à un poumon.

C. Il ne respire pas.

Réponse : B. L'escargot respire grâce à un poumon placé sous sa coquille. Pour laisser entrer l'air, il ouvre un trou situé entre son corps et sa coquille. Cet air apporte l'oxygène au poumon et à tout son organisme.

Pourquoi les escargots sortent quand il pleut ?

L'escargot ne supporte ni le soleil ni la sécheresse ni le froid, alors il ne sort de sa coquille que lorsqu'il pleut et que la température est douce ! En plus, son pied a besoin d'humidité, et même s'il produit de la bave, il avance bien mieux si le sol est mouillé !

Pourquoi les serpents ont la langue fourchue ?

La langue des serpents leur sert à « goûter » les odeurs laissées par les autres animaux. Grâce à sa forme de fourche, ces reptiles peuvent déterminer si les odeurs viennent de gauche ou de droite. Puis, leur palais analyse l'odeur et il ne reste plus aux serpents qu'à s'enfuir ou à attraper leur proie !

Pourquoi les serpents changent de peau ?

La peau des serpents ne grandit pas, mais leur corps, si ! Alors une nouvelle peau se forme sous l'ancienne, trop petite, qui tombe. On dit que les serpents « muent ».

C'est un peu comme pour tes vêtements : comme tu grandis, ils deviennent trop petits et on t'en rachète d'autres à ta taille !

Comment les serpents se déplacent ?

Le serpent se déplace en faisant onduler tout son corps. Les écailles de son ventre ont des crochets qui agrippent le sol pour avancer. Sur le sable, il avance sur le côté en faisant des zigzags. Certaines espèces nagent très bien en ondulant.

Comment le serpent peut avaler des proies plus grosses que lui ?

A. Il ouvre très grand la bouche.

B. Grâce à ses yeux plus gros que son ventre.

C. Il se transforme en Super Serpent.

Réponse : A. Le serpent peut ouvrir très grand sa bouche, ce qui lui permet d'avaler des proies plus grosses que lui. Il ne les mâche pas, mais les fait avancer jusqu'à son estomac grâce à ses muscles. Puis, l'estomac fait tout le travail de digestion !

Comment la queue des lézards fait pour repousser ?

À l'endroit où la queue a été cassée, les cellules se multiplient pour reformer des muscles. Une nouvelle queue se reconstitue progressivement, avec du cartilage (matière qui ressemble à un os, mais moins dure) à la place de la colonne vertébrale. Elle est plus courte et parfois plus claire que la précédente.

Pourquoi les caméléons changent de couleur ?

A. Pour faire la fête.

B. Pour se cacher.

C. Pour faire joli.

Réponse : B. Les caméléons changent de couleur pour se camoufler. S'ils sont au milieu de feuilles vertes, ils vont prendre la couleur verte. Sur une branche, ils seront marron, car leur peau imite la couleur de l'endroit où ils sont. Pratique, non ?

Comment différencie-t-on un crapaud d'une grenouille ?

La grenouille a la peau lisse, tandis que le crapaud a des sortes de verrues pleines de venin. La grenouille vit plutôt au bord de l'eau, le crapaud, au sol. Elle est plus petite, de couleur vive, et plus bavarde : on l'entend souvent coasser. En fait, ils appartiennent à des familles différentes !

Comment un têtard devient grenouille ?

En 2 à 3 mois, les têtards se transforment peu à peu pour pouvoir vivre hors de l'eau.

Comment les caméléons changent de couleur ?

La peau du caméléon contient des cellules remplies de pigments de couleurs différentes. Selon son humeur, le reptile resserre des petits muscles qui vont déformer les cellules contenant les pigments, faisant apparaître une autre couleur.

Pourquoi les tortues de terre marchent lentement ?

La carapace des tortues est très lourde : elle pèse sur leur dos plus de la moitié de leur poids total ! Et leurs pattes sont très courtes. Tout cela les empêche d'aller vite !

Essaie de porter un pack de 6 bouteilles d'eau (ce qui correspond à la moitié de ton poids) : tu avanceras à la vitesse d'une tortue !

Pourquoi les tortues ont une carapace ?

Les tortues ont une carapace pour se protéger de leurs ennemis. Très dure, elle est presque impossible à briser. Elle leur sert aussi à se cacher dans la végétation. Enfin, la carapace protège du froid : elle permet aux tortues de rester bien au chaud quand la température baisse !

Pourquoi les crabes marchent de côté ?

A. À cause de leur carapace.

B. Parce qu'ils sont aveugles.

C. Pour aller voir ce qu'il y a chez le voisin.

Réponse : A. La carapace très allongée des crabes les empêche de déplier entièrement leurs pattes pour les étendre vers l'avant. Du coup, ils sont obligés de marcher de côté !

Pourquoi les étoiles de mer ont 5 bras ?

Toutes les étoiles de mer n'ont pas 5 bras ! Certaines espèces en ont même 14. Les étoiles de mer se servent de leurs bras pour se déplacer car, au bout de chacun, il y a des petites ventouses qui leur permettent de s'accrocher.

Si par accident elles perdent l'un de leurs bras, celui-ci repousse !

Comment se déplacent les étoiles de mer ?

Dans l'eau, l'étoile de mer nage en remuant ses 5 bras et son corps souple. Sur le sable, elle rampe : chacun de ses bras est pourvu de ventouses qui lui permettent de prendre appui sur le sol pour bouger. Si l'étoile de mer perd un bras, il repousse !

Pourquoi les poissons meurent hors de l'eau ?

Dans l'eau, les poissons respirent avec des branchies qui ont le même rôle que nos poumons. Mais ces branchies ne fonctionnent plus si le poisson est hors de l'eau : elles sèchent, et les poissons étouffent et meurent.

Les crabes, qui ont aussi des branchies, peuvent rester plus longtemps hors de l'eau, car leur carapace retient l'eau.

Pourquoi les méduses piquent ?

Les méduses ont de nombreux bras, ou tentacules, munis de mini-ventouses qui libèrent du venin dès qu'on les touche. Ainsi, elles peuvent paralyser leur proie et se défendre en cas d'attaque.

Les serpents produisent aussi du venin pour immobiliser leurs proies avant de les manger.

Comment les baleines respirent ?

La baleine respire grâce à des poumons. Elle doit donc remonter à la surface toutes les 5 à 90 min (1h30) pour respirer : elle expire en projetant un jet d'air et de gouttelettes par 1 ou 2 trous (les évents) situés sur sa tête, puis inspire de l'air avant de replonger.

Comment les baleines communiquent ?

Elles communiquent par des mouvements du corps ou forment des sons en tapant leur queue dans l'eau. Les baleines à dents produisent des cliquetis et des sifflements. Les baleines à bosses et les baleines bleues chantent !

Ces signaux sont perceptibles à plus de 1 000 km !

Comment les dauphins font pour entendre ?

Les oreilles des dauphins, 2 trous situés derrière les yeux, sont trop petites pour capter les sons : c'est avec les os de leur crâne et de leur mâchoire qu'ils perçoivent les bruits de l'océan. Ces sons sont ensuite transmis au cerveau, chargé de les décoder. Les dauphins entendent particulièrement bien.

Comment font les poissons pour dormir ?

A. Ils ne bougent plus.

B. Ils prennent un calmant.

C. Ils se bouchent les ouïes.

Réponse : A. Les poissons ne dorment pas vraiment, ils se reposent sans bouger. D'ailleurs, ils ne ferment pas les yeux, car ils n'ont pas de paupières. Pour être tranquilles et en sécurité, certains se regroupent ou s'enterrent sous le sable. D'autres changent de couleur ou s'entourent de mucus !

Comment les poissons communiquent entre eux ?

Pour communiquer, les poissons émettent des sons, mais aussi des odeurs. Sous les écailles, leur peau produit une substance odorante : s'ils sont blessés ou mordus, l'odeur prévient les autres du danger. Tous les animaux utilisent les odeurs pour échanger des informations.

Comment les poissons respirent dans l'eau ?

Le poisson n'a pas de nez ni de poumons, mais des branchies. Elles sont placées de chaque côté de sa tête, sous une ouverture appelée « ouïe ». L'eau entre par la bouche et les branchies la filtrent : l'oxygène passe dans les vaisseaux sanguins qui transportent ce gaz dans tout le corps du poisson.

Comment les requins se lavent les dents ?

A. Avec des petits poissons.

B. Avec une brosse à dents.

C. En les frottant contre un rocher.

Réponse : A. De nombreux petits poissons nettoyeurs accompagnent toujours les requins. Ils grignotent les restes collés sur leurs centaines de dents.

Comment poussent les dents des requins ?

La gencive des requins fonctionne comme un tapis roulant : les dents avancent de l'intérieur vers l'extérieur. À l'intérieur, les dents sont couchées, elles se redressent progressivement au fur et à mesure que les dents de devant s'usent.

Un requin peut utiliser 20 000 dents pendant sa vie !

Comment les huîtres fabriquent les perles ?

Une perle se forme quand un grain de sable ou une larve de ver s'introduit à l'intérieur d'une huître. Pour s'en protéger, cette dernière recouvre l'intrus de couches du même matériau que sa coquille. Cette substance s'épaissit et finit par créer une perle après 3 à 6 ans.

Comment les seiches fabriquent de l'encre ?

La seiche a un organe qui fabrique de l'encre : des pigments foncés (la mélanine), se mélangent à une substance visqueuse (le mucus). L'encre ainsi formée est stockée dans une poche pourvue d'un entonnoir.

Le poulpe et le calmar produisent aussi de l'encre.

Comment font les poissons pour freiner ?

A. Ils s'alourdissent en mangeant du sable.

B. Ils se jettent sur un autre poisson.

C. Ils freinent avec leurs nageoires.

Réponse : C. Les poissons utilisent leurs 2 nageoires pectorales (situées de chaque côté de leur corps) pour se déplacer rapidement et changer de direction. Quand ils veulent freiner, ils les dressent, ce qui leur permet de ralentir.

Comment nagent les hippocampes ?

L'hippocampe nage debout. Pour avancer, il agite la nageoire située sur son dos ; il se dirige grâce aux 2 nageoires situées de chaque côté de sa tête ; sa queue assure sa stabilité. Il se déplace très lentement et parcourt moins de 2 m par heure !

Comment les méduses se nourrissent ?

La méduse adulte attend que la nourriture vienne à elle ! Dans l'eau, les algues microscopiques (plancton) se collent à son corps, qui contient des cellules paralysantes. Des poils minuscules amènent les algues jusqu'à la bouche de la méduse.

Comment font les pieuvres pour nager ?

Quand elle chasse ou qu'elle veut s'enfuir, la pieuvre nage très vite : elle laisse entrer l'eau dans une poche située sous son ventre, puis elle la « recrache » brusquement, ce qui la propulse.

Le plus souvent, la pieuvre se déplace lentement sur le fond marin en s'appuyant sur ses bras !

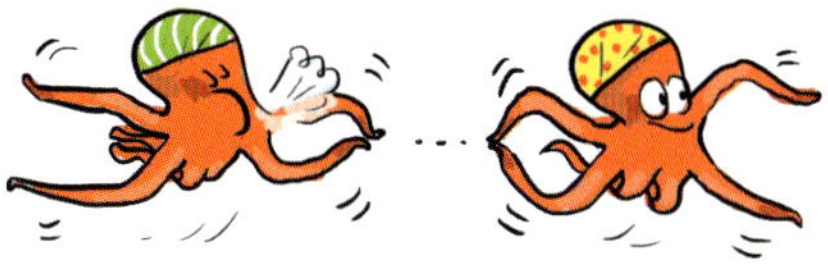

Pourquoi les animaux ne portent pas de vêtements ?

A. Ils trouvent les vêtements moches.

B. Ils n'en ont pas besoin.

C. Ils sont allergiques au tissu.

Réponse : B. La plupart des animaux possèdent une protection (poils, plumes, carapace…) qui leur permet d'avoir toujours bien chaud, même quand il fait froid. Ainsi, ils n'ont pas besoin de vêtements !

Pourquoi les éléphants ont une trompe à la place du nez ?

Il y a des milliers d'années, les défenses de l'éléphant auraient commencé à pousser pour les protéger contre les prédateurs. Mais celles-ci l'empêchaient de brouter l'herbe debout ! Alors une trompe est apparue, qui permet à l'éléphant de porter l'eau et la nourriture jusqu'à sa bouche.

Pourquoi les éléphants ont des défenses ?

Il y a des milliers d'années, les défenses des éléphants étaient des petites dents. Peu à peu, elles ont poussé et les éléphants s'en sont servis comme des armes pour se défendre ou pour attaquer leurs ennemis. Ils les utilisent aussi comme outil pour creuser le sol à la recherche de racines.

Pourquoi les girafes ont un long cou ?

Dans la savane, l'herbe est rare. Il y a 20 millions d'années, comme de nombreux animaux mangeaient déjà les plantes qui se trouvaient au sol, les girafes ont commencé à manger les feuilles des arbres, et leur cou s'est allongé pour cueillir cette nourriture haut perchée !

Pourquoi les lions ont une crinière ?

La crinière des lions leur sert principalement à séduire les lionnes : elles préfèrent celles qui sont bien foncées et touffues ! Mais cette crinière est gênante pour la chasse, car elle s'accroche aux buissons. Alors les lions ont trouvé la solution : ils envoient les lionnes chasser à leur place !

Pourquoi dit-on que le lion est le roi des animaux ?

De tout temps, on a trouvé que le rugissement du lion faisait un bruit extraordinaire ! Par ailleurs, sa crinière forme comme une couronne au-dessus de sa tête : voilà pourquoi le lion est devenu le roi des animaux.

En Amérique du Nord, c'est l'aigle qui a cette place de choix. En Amérique du Sud, c'est l'ours !

Pourquoi les hippopotames vivent dans l'eau ?

Bien que vivant dans des régions très chaudes d'Afrique, les hippopotames souffrent vite de la chaleur, car leur peau est fragile et sensible au soleil. Alors, pour se rafraîchir et éviter les coups de soleil, ils passent de nombreuses heures dans l'eau ! Et la nuit, ils sortent pour se nourrir.

Pourquoi les tigres ont des rayures ?

Les rayures des tigres ressemblent aux branchages et aux hautes herbes des forêts d'Asie dans lesquelles ils vivent. Ainsi, ils peuvent se cacher dans la végétation pour se protéger et pour chasser.

Les caméléons aussi se camouflent : pour échapper aux prédateurs, leur peau prend la couleur de l'objet sur lequel ils se trouvent !

Pourquoi les chameaux ont des bosses ?

Dans le désert, la nourriture est rare. Pour survivre, le corps des chameaux s'est adapté : les 2 bosses de leur dos sont remplies de graisse. Quand ils n'ont rien à manger pendant plusieurs jours, ils utilisent ces réserves comme un garde-manger.

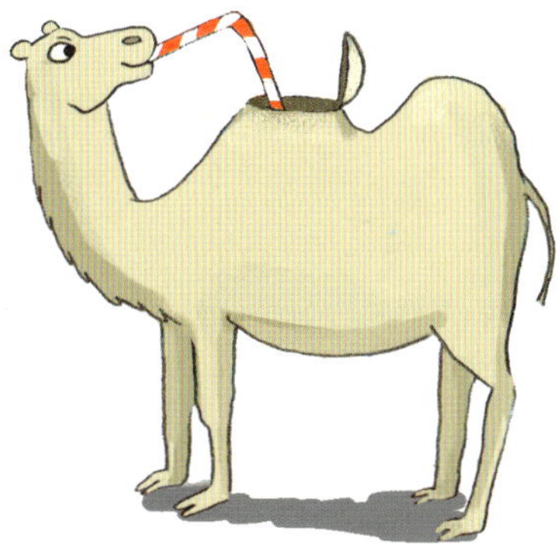

Pourquoi les manchots n'ont jamais froid ?

Les manchots n'ont jamais froid, car leur corps est recouvert d'une graisse qui les isole et leurs plumes sont si serrées qu'elles ne laissent passer ni l'eau ni l'air. Enfin, leur dos noir capte très bien la chaleur du Soleil !

Pourquoi les flamants sont roses ?

Les flamants sont roses à cause de leur alimentation. À la naissance, leurs plumes sont grises, et peu à peu, à force de manger des crevettes roses qu'ils aiment beaucoup, leur couleur vire… au rose !

Mets une fleur blanche dans de l'eau colorée avec de l'encre bleue : après quelques heures, ses pétales se colorent en… bleu !

Pourquoi les vaches donnent du lait ?

Au départ, les vaches fabriquent du lait pour nourrir leur petit. Tant qu'il tète, elles en produisent. Quand le veau arrête de téter, le fermier trait les vaches avec des machines, tous les jours. Le corps des vaches continue ainsi à produire du lait comme si le veau tétait.

Pourquoi les vaches ont des cornes ?

A. Pour tenir leur chapeau.

B. Pour se gratter le dos.

C. Pour se défendre.

Réponse : C. Les vaches ont des cornes solides et pointues pour se protéger contre leurs ennemis et pour se défendre, elles et leurs petits.

Pourquoi les cochons se roulent dans la boue ?

Les cochons ne transpirent pas : alors, quand il fait chaud, ils ont besoin de l'humidité de la boue pour se rafraîchir. La boue, en séchant, forme une croûte qui les protège aussi du soleil et des insectes.

Les hippopotames ont une peau encore plus fragile : ils passent leurs journées dans l'eau et ne sortent que le soir.

Pourquoi les chevaux ont une crinière ?

Elle leur sert avant tout à chasser les insectes. En faisant bouger les muscles de leur cou, les chevaux agitent leur crinière qui se transforme en chasse-mouches !

Les vaches, elles, remuent leur queue pour se débarrasser des insectes !

Comment les chevaux arrivent à dormir debout ?

Le cheval a une articulation du genou particulière : quand il veut dormir, il peut la bloquer pour maintenir les jambes arrière droites tout en relâchant ses muscles. Ainsi, il peut se reposer mais s'échapper rapidement en cas de danger. Cependant, il doit s'allonger pour dormir vraiment !

Pourquoi les hérissons se mettent en boule ?

Le hérisson se déplace très lentement. Quand il sent un danger, il ne peut pas s'enfuir, alors il se met en boule et cache sa tête, ses pattes et sa queue sous une épaisse couche de piquants. Aucun animal ne cherche plus à s'en approcher. Le hérisson peut rester dans cette position plusieurs heures !

Comment les taupes se dirigent sous terre ?

La taupe n'est pas aveugle, mais, sous terre, elle doit utiliser tous ses sens pour y voir clair ! Elle entend très bien et son flair lui permet de repérer larves et vers de terre. Les poils de son museau et de sa queue, très sensibles, lui servent d'« antenne » pour capter les mouvements de ses proies.

Pourquoi n'y a-t-il presque plus de loups dans les forêts ?

Il y a encore 150 ans, les loups étaient très répandus dans les forêts. Mais les hommes les ont beaucoup chassés, car ils leur reprochaient de s'attaquer aux troupeaux. Puis, avec le développement des villes, beaucoup de forêts ont disparu et les loups se sont moins reproduits.

Comment l'ours peut manger du miel sans se faire piquer ?

A. Ses poils le protègent.

B. Il porte un masque et des gants.

C. En fait il se fait piquer !

Réponse : C. L'ours brun aime tellement le miel qu'il est prêt à se faire piquer pour en récolter ! S'il aperçoit une ruche, il l'attaque sans hésiter, les piqûres n'étant pas dangereuses pour lui. Puis il lèche sa patte pleine de miel.

Pourquoi les animaux ne parlent pas ?

Les animaux communiquent grâce à leurs cris : le chien aboie, le chat miaule, la vache meugle… Mais même s'ils le voulaient, ils ne seraient pas capables de former des mots, car la forme de leur gorge et leur cerveau, moins développé que le nôtre, ne le permettent pas.

Comment le castor construit son barrage ?

Avec ses longues dents, le castor ronge le tronc d'un arbre jusqu'à ce qu'il tombe. Puis il le découpe en petites bûches.

Pourquoi certains animaux sont en voie de disparition ?

Les principaux responsables de ces disparitions sont les hommes. Ils chassent les mammifères pour leur fourrure, pêchent tous les poissons d'une même espèce, détruisent les forêts où vivent les animaux et polluent les mers et les fleuves.

Aujourd'hui, le thon rouge est menacé de disparition, car il a été trop pêché.

Comment les animaux qui hibernent savent que c'est le printemps ?

A. Grâce à la sonnerie de leur réveil.

B. Grâce à la température extérieure.

C. Grâce au chant des oiseaux.

Réponse : B. La température et la lumière indiquent aux animaux qu'ils peuvent sortir de leur hibernation. Mais certaines espèces ont aussi une sorte d'horloge interne qui leur signale qu'il est temps de se réveiller, quelles que soient les conditions extérieures.

Pourquoi certains animaux dorment l'hiver ?

En hiver, les animaux souffrent du froid et du manque de nourriture. Certains, comme les oiseaux, partent vers des pays chauds : on dit qu'ils migrent. D'autres, comme l'ours ou la marmotte, dorment tout l'hiver pour économiser leur énergie : c'est l'hibernation.

Comment protéger les animaux menacés de disparition ?

La plupart des animaux menacés le sont parce qu'on détruit leur habitat, comme la banquise. Ils sont aussi victimes du braconnage et de la pêche. Certains États les protègent en interdisant leur chasse et en préservant leur habitat naturel. Ainsi, en 1982, une trentaine de pays ont signé un texte interdisant la chasse à la baleine.

Comment a-t-on découvert le feu ?

L'homme préhistorique connaissait les coulées de lave qui brûlent et le feu provoqué par la foudre. Il a d'abord utilisé ce feu naturel, qu'il faisait brûler en permanence pour le conserver. Puis il l'a produit lui-même avec un silex, une pierre contenant du soufre.

Histoire

Comment la vie est apparue sur Terre ?

La vie est apparue il y a environ 4 milliards d'années. On pense que les premiers morceaux de matière vivante viennent de l'espace, des océans ou de l'air qui entourait la Terre à cette époque. Cette matière s'est ensuite développée dans l'eau pour donner les premiers petits organismes vivants : les bactéries.

Pourquoi certains dinosaures étaient très grands ?

Certains dinosaures herbivores étaient très grands afin d'atteindre les feuilles placées au sommet des arbres. Leur taille devait aussi les protéger, notamment des dinosaures carnivores. Ces derniers, souvent plus petits, étaient certainement impressionnés et hésitaient à les attaquer.

Comment les dinosaures ont disparu ?

A. Victimes d'indigestion.

B. Tués par les hommes préhistoriques.

C. À cause d'un astéroïde.

Réponse : C. Il y a 65 millions d'années, un astéroïde se serait écrasé sur la Terre, provoquant des catastrophes en série : changement du climat, incendies, raz de marée, éruptions volcaniques. C'est ainsi que la plupart des dinosaures auraient trouvé la mort.

Comment reconstitue-t-on les dinosaures ?

Lors des fouilles, chaque os trouvé est étiqueté, mesuré, nettoyé et examiné. Puis le paléontologue les assemble comme un puzzle en relief afin de reconstituer le squelette ! S'il manque des pièces, il les fabrique en argile, par exemple, jusqu'à ce que le squelette soit entier.

Comment sait-on à quoi ressemblaient les dinosaures ?

Grâce aux squelettes de dinosaures et à leurs empreintes fossilisées, on connaît leur taille. Les reliefs sur les os montrent où étaient les muscles et permettent de reconstituer la forme du corps. La forme de leur crâne laisse imaginer leur tête. Mais on ne sait pas de quelle couleur était leur peau !

Comment se forment les fossiles ?

Les fossiles se forment à partir des os, des coquilles d'animaux ou des restes de plantes (graines, feuilles, racines, fruits), qui sont recouverts par le sable ou la terre avant de se décomposer. Peu à peu, ces restes se transforment en roche, puis disparaissent, ne laissant plus que leur forme dans le sol.

Comment trouve-t-on les os des dinosaures ?

A. Par hasard.

B. Avec un détecteur de métaux.

C. Avec un chien de chasse.

Réponse : A. C'est souvent par hasard, sur un chantier ou une carrière, que sont découverts des fossiles. Des paléontologues viennent les examiner : à l'aide de brosses et de petits instruments, ils dégagent les restes de dinosaures enfermés dans les roches.

Pourquoi trouve-t-on encore des squelettes de dinosaures ?

Quand les dinosaures ont disparu, il y a 65 millions d'années, ils étaient des millions ! Il en reste donc énormément à découvrir. Chaque année, des fouilles permettent de retrouver des squelettes conservés dans le sol ou dans la glace.

En 2012, le squelette d'un dinosaure à plumes de 9 m de long a été retrouvé en Chine !

Comment sait-on ce que mangeaient les dinosaures ?

Grâce à des fossiles de crottes ! Si ces crottes fossilisées contiennent des morceaux d'os, le dinosaure était carnivore, et si les chercheurs y trouvent des traces de plantes, il était herbivore. La forme des dents des dinosaures permet aussi de dire s'ils mangeaient des végétaux ou de la viande.

Comment sait-on à quelle époque les dinosaures ont vécu ?

Pour savoir quand ont vécu les dinosaures, les chercheurs étudient les roches autour des os fossilisés. Ces roches contiennent du plomb : plus il y en a, plus la roche est ancienne.

On a retrouvé des restes de dinosaures datant de 230 millions d'années !

Comment l'homme est apparu ?

La vie s'est développée sur Terre il y a 4 milliards d'années. Des petits organismes ont évolué pour donner des plantes, des animaux et, enfin, l'ancêtre de l'homme. Le plus vieil ancêtre connu est Toumaï, datant de 7 millions d'années. Il mesurait 1 mètre et on pense qu'il marchait sur ses 2 pieds.

Comment étaient les premiers hommes ?

Il y a 7 millions d'années, nos ancêtres ressemblaient à des chimpanzés qui marchaient sur leurs 2 pieds en se tenant courbés. Ils avaient un corps très poilu, une tête moins allongée que celle de l'homme actuel, un front plat, des sourcils épais, un nez et des mâchoires larges. Ils n'avaient pas l'air commode !

Comment les hommes ont appris à parler ?

Les premiers hommes devaient communiquer grâce à des gestes et des grognements. Avec le temps, le larynx et le pharynx (organes de la gorge qui servent à respirer et à avaler) se sont modifiés pour former des sons, et les hommes ont inventé le langage pour mieux se comprendre.

Pourquoi les mammouths n'existent plus ?

A. Ils ont été mangés par les dinosaures.

B. Ils ont attrapé la grippe.

C. Ils ont été victimes du réchauffement de la Terre.

Réponse : C. Le réchauffement de la Terre a fait sécher les grandes prairies. L'herbe est devenue plus rare et moins nourrissante : ces immenses mammifères seraient morts de faim.

Comment les hommes préhistoriques chassaient ?

Les hommes préhistoriques chassaient en groupe les gros animaux : ils effrayaient un mammouth en criant, le piquaient avec des lances en bois et le dirigeaient vers des marais où il s'enlisait. Ils savaient aussi fabriquer des pièges et utilisaient des armes comme des silex taillés, des lances, ou des arcs.

Comment les hommes préhistoriques peignaient dans les grottes ?

Ils peignaient avec des outils (tampon, plume, pinceau, roseau) et des couleurs (noir, rouge) provenant de charbon de bois ou d'argiles par exemple. Ils peignaient des chevaux, des cerfs, des bisons, des formes géométriques ou leurs mains qu'ils utilisaient comme un pochoir.

Comment les hommes ont dressé les menhirs ?

On pense que les hommes creusaient le sol, puis faisaient basculer ces grosses pierres (qui pesaient parfois 100 tonnes !) dans le trou créé. Ils auraient aussi fait glisser les menhirs sur des rouleaux de bois jusque dans un fossé en pente, avant de les relever à l'aide de leviers.

Comment les hommes préhistoriques s'habillaient ?

Ils se couvraient de peaux de bêtes. Il y a 70 000 ans, l'homme de Neandertal raclait la peau avec des outils en pierre, puis la découpait avec un silex. 40 000 ans plus tard, l'homme de Cro-Magnon a inventé l'aiguille à coudre en os de renne et utilisait des boyaux d'animaux en guise de fil !

Comment les hommes préhistoriques se soignaient ?

Il y a 30 000 ans, les hommes se soignaient avec des plantes et utilisaient l'argile pour apaiser la douleur et empêcher les infections. Ils commencèrent à pratiquer la chirurgie il y a 8 000 ans environ : avec des silex, ils arrachaient les dents ou ouvraient la boîte crânienne pour opérer le cerveau !

Comment les hommes préhistoriques construisaient leurs huttes ?

Les premiers hommes construisaient des huttes en branchages. Plus tard, l'homme de Cro-Magnon, avec ses outils, découpait des peaux de bêtes pour faire des tentes, faciles à enrouler et à emporter quand il fallait déménager.

Comment les premiers hommes faisaient du feu ?

Pour faire du feu, les premiers hommes pouvaient frotter 2 morceaux de bois pour produire de la sciure : celle-ci, en s'échauffant, formait une braise avec laquelle ils enflammaient des brindilles en soufflant dessus.

Frotte tes mains l'une contre l'autre : ce mouvement crée-t-il de la chaleur ?

Comment les hommes préhistoriques fabriquaient des bijoux ?

L'homme de Cro-Magnon taillait des os et collectionnait les dents de cerf pour les enfiler sur des lanières de cuir. Les chasseurs accrochaient fièrement en pendentif un croc de l'ours qu'ils avaient réussi à tuer. Et ceux qui vivaient à la mer cherchaient des coquillages pour orner leurs colliers.

Comment les hommes préhistoriques utilisaient le fer ?

Vers l'an 1 100 av. J.-C. en Europe, les hommes faisaient chauffer ensemble et en couches alternées des roches contenant du fer et du bois : ils obtenaient ainsi un bloc de métal dont ils retiraient les impuretés à coup de marteau. Le forgeron transformait ensuite ce bloc en outils ou en armes.

Comment les hommes préhistoriques fabriquaient leurs armes ?

A. Dans des usines.

B. Ils les taillaient avec des pierres.

C. Elles tombaient du ciel.

Réponse : B. Les hommes ont appris à tailler les silex pour les rendre coupants et pointus. Ils les utilisaient comme armes et aussi comme outils pour tailler des lances en bois dont ils faisaient durcir l'extrémité au contact du feu.

Comment sait-on ce que les hommes préhistoriques mangeaient ?

Dans les grottes ou les campements, là où les hommes préhistoriques vivaient, on a trouvé des restes de leurs repas : des os de rennes, de bisons, des arêtes de poissons, et même les grains de pollen des plantes qu'ils ramassaient.

On a aussi trouvé des traces de plantes entre les dents fossilisées de certains hommes préhistoriques !

Comment a-t-on inventé l'écriture ?

Dès 3300 av. J.-C., en Mésopotamie (actuels Irak et Syrie), les hommes gravaient des signes sur des tablettes en pierre pour compter. Ils gravaient aussi de petits dessins représentant des objets, des idées et, plus tard, les sons de leur langue. Peu après, les Égyptiens inventèrent les hiéroglyphes, qui fonctionnent comme un rébus.

Comment a-t-on découvert l'or ?

Par hasard, sans doute ! Les hommes préhistoriques le trouvaient dans le sol quand ils cherchaient des silex, ou dans les rivières au milieu des grains de sable. À la fin de la préhistoire, ils le faisaient fondre et l'utilisaient pour décorer les tombes, fabriquer des haches, des masques et des bijoux.

Pourquoi les Égyptiens construisaient des pyramides ?

Ces immenses monuments que l'on trouve dans le désert servaient de tombes aux pharaons, les rois de l'Égypte antique, et aux seigneurs les plus riches. Elles étaient si hautes que le pharaon qui les faisait construire pensait sans doute se rapprocher plus facilement de Rê, le dieu Soleil.

Comment les Égyptiens faisaient les momies ?

Une fois le corps du mort lavé et épilé, on en retirait les organes : on sortait le cerveau du crâne en l'attrapant avec un crochet par les narines ! On mettait ensuite le corps dans une sorte de sel pour le dessécher, puis on le remplissait de plantes. Enfin, on entourait la momie de bandelettes en lin.

Comment les pyramides ont été construites ?

Les pyramides d'Égypte ont été construites avec d'énormes blocs de pierre. Pour les hisser, les Égyptiens utilisaient de simples leviers à bascule et des rampes en brique pour faire glisser les blocs jusqu'au sommet de la pyramide. Mais la technique exacte demeure un mystère !

Comment c'est à l'intérieur des pyramides d'Égypte ?

Dans les pyramides se trouve le tombeau qui abrite le sarcophage d'un pharaon ou d'une reine. Pour y parvenir, on emprunte un étroit tunnel en pente ou une grande galerie qui traverse plusieurs pièces. Dans la chambre funéraire, il y avait des objets pour accompagner le mort dans sa vie éternelle.

Comment prévoyait-on la météo autrefois ?

A. En observant la nature.

B. En demandant à une grenouille.

C. En interrogeant une voyante.

Réponse : A. On observait le ciel, les animaux et les plantes pour prévoir le temps. Les petits nuages blancs annonçaient le beau temps. Si l'hirondelle volait bas, le mauvais temps arrivait. Si la pomme de pin resserrait ses écailles, c'était signe de pluie.

Comment les Égyptiens écrivaient dans l'Antiquité ?

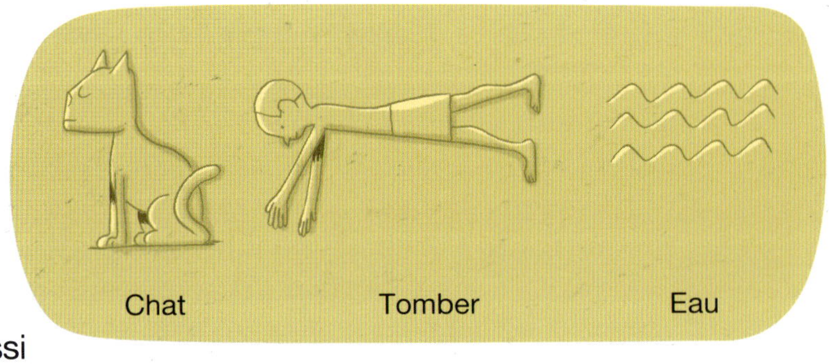

Les Égyptiens écrivaient avec des hiéroglyphes, des dessins représentant un objet, un être ou une action. Ils écrivaient aussi bien de haut en bas que de droite à gauche ou de gauche à droite, le sens de lecture étant indiqué par la direction des personnages !

Comment écrivait-on avant l'invention du stylo ?

Aux débuts de l'écriture, il y a 5 000 ans, on gravait des pierres plates avec des cailloux pointus. En Mésopotamie et en Égypte, on écrivait avec un roseau sur des tablettes d'argile, puis avec de l'encre sur du papyrus. Au Moyen Âge, on utilisait des plumes d'oie, remplacées au XIXe siècle par des plumes métalliques.

Comment étaient les premiers livres ?

A. En cuir.

B. En pierre.

C. En tissu.

Réponse : C. Dans l'Antiquité, les livres étaient écrits à la main sur du papyrus ou du tissu. Dès les premiers siècles après J.-C., le parchemin (en peau d'animal) permet d'assembler des feuilles. Au Moyen Âge, ils sont illustrés de dessins colorés et dorés. Leur couverture est en cuir, fermée par une pièce métallique.

Comment Pompéi a disparu ?

A. Détruite lors d'une explosion atomique.

B. Ensevelie par l'éruption d'un volcan.

C. Engloutie dans le tunnel d'une taupe géante.

Réponse : B. En l'an 79, le Vésuve entra en éruption. Au pied de ce volcan, la cité romaine de Pompéi fut recouverte de 6 mètres de cendres et de fragments de lave. Au XVIIIe siècle, on a découvert des squelettes d'hommes et d'animaux dans la position où la mort les avait surpris.

Comment sont nés les Jeux olympiques ?

Les Jeux olympiques sont nés dans la Grèce antique, à Olympie, où les athlètes s'affrontaient tous les 4 ans. Les Romains les ont ensuite transformés en spectacle, puis interdits. En 1896, le Français Pierre de Coubertin a organisé en Grèce les premiers Jeux olympiques modernes avec des sportifs de 14 pays.

Comment se soignait-on avant l'invention des médicaments ?

Jusqu'au XIXe siècle, on se soignait principalement avec des plantes. Pour guérir, on priait aussi les saintes, ou on demandait à voir le roi : on le croyait capable de vaincre les plaies et les maladies de peau d'un simple geste de la main. Quand on était opéré, on n'était pas endormi !

Comment les Romains se lavaient ?

A. Ils ne se lavaient pas.

B. Ils prenaient des bains au lait de vache.

C. Ils se lavaient dans des bains publics.

Réponse : C. Les Romains se lavaient chaque jour dans des thermes publics, semblables à des piscines couvertes. Ils prenaient un bain tiède ou chaud, parfois un bain de vapeur, puis se plongeaient dans un bassin d'eau froide. Les familles les plus riches avaient leurs propres bains à la maison.

Comment s'habillaient les Romains ?

Les Romains portaient une tunique et une toge, un tissu souvent blanc qu'ils plaçaient sur une épaule et dont ils entouraient leur corps. Les femmes étaient vêtues d'une tunique longue et d'un châle. Presque tous portaient des sandales de cuir lacées. Au Ier siècle, la toge fut remplacée par un manteau léger.

Comment les Gaulois faisaient la cuisine ?

Les Gaulois mangeaient des galettes de pain avec de la viande cuite dans des chaudrons ou à la broche. Ils faisaient aussi des fromages et des gâteaux ! Les repas cuisaient sur un feu à l'intérieur des maisons. Dans les maisons les plus riches, il y avait une salle pour le foyer et une pour le four à pain.

Pourquoi les rois portent des couronnes ?

Dans l'Antiquité, la couronne était une récompense pour les vainqueurs : Jules César portait une couronne de lauriers pour montrer ses exploits au combat. Plus tard, les rois décidèrent de porter des couronnes en or, le métal le plus précieux, pour montrer qu'ils étaient les plus puissants.

Comment choisissait-on les rois en France ?

A. Ils étaient élus par le peuple.

B. Ils étaient roi de père en fils.

C. Ils devaient remporter un concours.

Réponse : B. On ne pouvait pas choisir son roi : lorsque le roi mourait ou démissionnait, c'était son fils aîné qui lui succédait. S'il n'avait pas de fils, c'était le frère ou un cousin du roi qui dirigeait le royaume.

Comment étaient faites les armures des chevaliers ?

Au XIVe siècle, l'armure des chevaliers était faite de plaques de fer. Elle pesait de 18 à 35 kg (comme toi !), mais elle était plus facile à porter que l'ancienne cotte de mailles, car son poids était mieux réparti. Si bien que lorsqu'ils tombaient de cheval, les chevaliers pouvaient se relever seuls !

Comment fabriquait-on les armures au Moyen Âge ?

Les cottes de mailles, puis les armures articulées, étaient fabriquées par le forgeron du village. Avec son marteau, il façonnait une vingtaine de plaques de fer destinées à couvrir la tête, le torse, les bras, les jambes, les pieds, qu'il assemblait avec des rivets (sortes de vis).

Comment devenait-on chevalier ?

À 7 ans, l'apprenti chevalier était page : il servait un chevalier et apprenait à monter à cheval. À 14 ans, il devenait écuyer et s'entraînait à se battre contre des mannequins en bois. Vers 20 ans, il jurait fidélité au seigneur lors d'une cérémonie religieuse et recevait son épée et son bouclier.

Comment construisait-on les cathédrales ?

Les cathédrales ont été édifiées en Europe dès le XIIe siècle. Les pierres étaient hissées sur le bâtiment grâce à des grues munies d'une grande roue. Les ouvriers, qui travaillaient sur des échafaudages, devaient suivre le plan dessiné sur un parchemin. La construction pouvait durer plusieurs siècles !

Comment les pirates abordaient les bateaux ?

Les pirates avaient souvent des petits bateaux à voile, rapides et maniables. Ils hissaient un faux drapeau pour tromper les navires qu'ils croisaient, s'approchaient, puis… à l'abordage ! Les pirates s'accrochaient aux cordes du navire avec des crochets, puis grimpaient à bord.

Comment les pirates trouvaient des trésors ?

Les pirates attaquaient les navires marchands qu'ils croisaient sur l'océan. À eux vaisselle en argent, bijoux, pièces d'or ! Selon la légende, ils cachaient parfois ces trésors dans des grottes, pensant venir les récupérer plus tard… si personne ne leur avait volé leur carte au trésor !

Pourquoi les pirates ont toujours un bandeau sur l'œil ?

Quand ils se battaient, les pirates pouvaient se blesser gravement : ceux qui perdaient un œil cachaient leur blessure par un bandeau. Ensuite, on a pris l'habitude de représenter tous les pirates avec un bandeau, sans doute pour leur donner un air méchant !

Pourquoi y a-t-il une tête de mort sur les drapeaux des pirates ?

Les pirates utilisaient des drapeaux pour impressionner les marins qu'ils croisaient sur les mers. La tête de mort était la plus répandue, mais il y avait aussi des diables ou des monstres ! Quand le drapeau était rouge, cela signifiait qu'il n'y aurait pas de survivants.

Comment envoyait-on du courrier quand il n'y avait pas de facteur ?

Dans l'Antiquité, les Romains transportaient le courrier à cheval. Au Moyen Âge, il y avait aussi des messagers à pied. En France, le métier de facteur existe depuis 1760. Mais pendant la guerre de 1914-1918, des messages étaient transportés par des pigeons voyageurs, car les routes n'étaient pas sûres.

Comment était l'école au Moyen Âge ?

Ce sont les religieux qui éduquaient les jeunes garçons (les filles étaient parfois instruites dans les couvents). Souvent, il n'y avait pas de livres et on écrivait au sol avec du charbon de bois.

Pourquoi a-t-on construit des châteaux forts ?

Juste avant l'an 1000, en Europe, les seigneurs ont construit des châteaux forts pour protéger leurs terres et montrer leur puissance. Les premiers châteaux étaient des constructions en bois, puis on a élevé des forteresses de pierre, aux énormes murs de 2 à 3 mètres d'épaisseur !

Comment les soldats attaquaient les châteaux forts ?

Les guerriers entouraient d'abord le château pour affaiblir les habitants en les empêchant de sortir chercher à manger. Ils remplissaient de terre les fossés qui entouraient le château. Alors, ils grimpaient le long des murs sur des échelles, protégés par les archers.

Comment chauffait-on les châteaux forts ?

A. Avec du bois.

B. Avec des radiateurs.

C. Avec des couvertures chauffantes.

Réponse : A. Les châteaux forts étaient équipés d'une seule immense cheminée, située dans la cuisine, pour faire cuire les aliments. Pour se réchauffer, les habitants du château faisaient un petit feu de charbon de bois à même le sol ou dans un chariot, au milieu de la pièce où ils se trouvaient.

Comment devenait-on mousquetaire ?

Au XVIe siècle, un mousquetaire est un soldat à pied qui possède un mousquet (ancêtre du fusil). C'est le roi qui choisissait lui-même les futurs mousquetaires parmi les nobles qui avaient déjà servi dans la Garde royale ou qui étaient connus pour leur courage.

Comment se soignait-on au Moyen Âge ?

La plupart des habitants du Moyen Âge se soignaient eux-mêmes avec des plantes. Ils les utilisaient en tisane ou bouillies avec de l'eau : on prenait par exemple du thym contre les infections et pour calmer les rhumes ou de la sauge pour soigner la gorge. Seuls les plus riches pouvaient payer un médecin.

Comment a-t-on découvert l'Amérique ?

L'Amérique a été découverte en 1492 par Christophe Colomb. Parti d'Espagne, ce navigateur pensait atteindre l'Asie en traversant l'Atlantique, sans faire le tour de l'Afrique. Deux mois plus tard, il est arrivé sur une île des Antilles, tout près de l'Amérique.

Pourquoi les Indiens étaient surnommés « Peaux-Rouges » ?

Les Indiens d'Amérique avaient l'habitude de peindre sur leur visage et sur certaines parties de leur corps des signes colorés. Ils fabriquaient cette peinture à partir de produits naturellement rouges comme la terre des plaines où ils habitaient, d'où leur surnom.

Pourquoi les Indiens d'Amérique portaient des plumes ?

Les plumes des grands chefs étaient des objets sacrés qui montraient leurs exploits au combat. Certaines indiquaient qu'ils avaient été blessés, d'autres qu'ils avaient blessé un adversaire, ou qu'ils avaient pris le scalp d'un ennemi…

Selon l'exploit réalisé, la plume était découpée ou peinte d'une certaine façon.

Comment les Indiens construisaient des tipis ?

Pour installer un tipi, les Sioux et les Cheyennes plantaient dans le sol une douzaine de perches en bois, les croisant à leur sommet. Ils les recouvraient de peaux de bison cousues ensemble. Au sommet, ils repliaient les peaux pour laisser s'échapper la fumée.

Comment les Indiens d'Amérique communiquaient (avec de la fumée) ?

Les Indiens préparaient un feu, qu'ils couvraient avec un tissu avant de le retirer brutalement. Ce geste formait un nuage qui montait vers le ciel. La couleur (blanche ou noire selon les plantes brûlées), la taille et l'espacement des nuages avaient une signification différente pour chaque tribu.

Comment a-t-on découvert la pomme de terre ?

A. En explorant l'Amérique.

B. En creusant le sol avec une casserole.

C. En faisant des fouilles archéologiques.

Réponse : A. La pomme de terre était cultivée par les Incas en Amérique latine (Chili, Pérou). Les explorateurs espagnols ont découvert la « papa » au XVIe siècle et l'ont rapportée en Europe à bord de leurs voiliers.

Comment le Titanic a coulé ?

A. Torpillé par un sous-marin.

B. Emporté par une pieuvre géante.

C. Abîmé par un iceberg.

Réponse : C. Le 14 avril 1912, le Titanic traversait l'Atlantique Nord à vive allure. Dans la nuit, le paquebot heurta un iceberg. La coque fut déchirée, l'eau s'engouffra dans le navire et il coula en moins de 3 heures.

Comment font les Inuits pour ne pas avoir froid ?

Pour ne pas avoir froid, les Inuits se couvrent de peaux de caribou. Ils se nourrissent de viande de phoque : la graisse, la vitamine A et le fer qu'elle contient les aident à lutter contre le froid. Et ils vivent aujourd'hui dans des villages modernes, dans des maisons en bois ou en pierres chauffées !

Comment les Inuits attrapaient des baleines ?

Pour capturer une baleine, les Inuits chassaient en groupe. L'été, quand la glace était fondue, ils embarquaient sur d'immenses kayaks recouverts de peau. Quand ils repéraient une baleine, ils lui lançaient un harpon avec une bouée pour la suivre et retrouver l'endroit où elle allait s'échouer.

Comment a-t-on défini les frontières ?

Les chefs de pays voisins ont établi les frontières selon différents critères : la victoire ou la défaite quand ils se faisaient la guerre ; la géographie : montagnes (la chaîne des Pyrénées sépare la France de l'Espagne), fleuves, mers et océans ; ou les différences culturelles (langue, religion).

Comment voyageait-on quand il n'y avait pas d'avion ?

Depuis 1950, les voyages en avion sont courants. Avant, pour traverser les océans et les mers, on embarquait sur de gros bateaux, les paquebots. Sur terre, le train emmenait ses voyageurs aux quatre coins de l'Europe et même jusqu'en Chine. Mais, avant le XIXe siècle, on se déplaçait surtout à pied ou à cheval !

Pourquoi n'y a-t-il plus de rois en France ?

Pendant des siècles, les rois ont régné sur la France. Mais en 1789, la vie était difficile, les gens n'avaient rien à manger et ils payaient trop d'impôts : ils se sont révoltés et ont chassé le roi. Aujourd'hui, c'est le président de la République, élu par les Français, qui dirige le pays.

Pourquoi les Britanniques ont une reine ?

Autrefois, presque tous les pays étaient dirigés par des rois ou des reines. Dans certains États, le peuple s'est révolté pour remplacer les souverains par un président élu. D'autres, comme la Grande-Bretagne, ont gardé leurs rois et leurs reines, mais ont décidé de leur donner moins de pouvoir.

P

Q

R

S

RETROUVE AUSSI
LES INCOLLABLES
EN JEU
DE SOCIÉTÉ !